Gerdien Jonker
100 Tage Lockdown

Urban Studies

Für Theresa, die erste Leserin

Gerdien Jonker (PhD), geb. 1951, forscht aus religionshistorischer Sicht über das kulturelle Gedächtnis in der Migrationsgesellschaft mit einem Schwerpunkt auf Juden und Muslime in Deutschland.

Gerdien Jonker

100 Tage Lockdown

Ethnographische Wanderungen durch Berlin während des Corona-Stillstands

[transcript]

Bibliografische Information der Deutschen Nationalbibliothek
Die Deutsche Nationalbibliothek verzeichnet diese Publikation in der Deutschen Nationalbibliografie; detaillierte bibliografische Daten sind im Internet über http://dnb.d-nb.de abrufbar.

Umschlaggestaltung: Maria Arndt, Bielefeld
Umschlagcredit: Gerdien Jonker
Lektorat: Sven Thielmann, Essen
Satz: Mark-Sebastian Schneider, Bielefeld
Druck: Majuskel Medienproduktion GmbH, Wetzlar
Print-ISBN 978-3-8376-5618-3
PDF-ISBN 978-3-8394-5618-7
https://doi.org/10.14361/9783839456187

Gedruckt auf alterungsbeständigem Papier mit chlorfrei gebleichtem Zellstoff.
Besuchen Sie uns im Internet: *https://www.transcript-verlag.de*
Unsere aktuelle Vorschau finden Sie unter *www.transcript-verlag.de/vorschau-download*

Inhalt

Das Geräusch der Stille

Ein Kiez geht durch die Krise

Übergangsorte

Anhang

Vorwort

Fünfundneunzig Jahre ist es jetzt her, da sich ein junger Russe aufmachte, einen Stadtführer von Berlin zu schreiben. Er nahm dafür Szenen ins Visier, die so alltäglich waren, dass die meisten Berliner sie wohl unbeachtet ließen. So portraitierte er vier Arbeiter, denen er vom Fenster der Straßenbahn dabei zusah, wie sie mit ihren Vorschlaghämmern auf einen Eisenpfahl einschlugen, und auch die dicken Finger des Straßenbahnschaffners, die einen Fahrschein festklemmten, um ihn abknipsen zu können. In seinem Stadtführer fanden die schwarzen Röhren an der Kante des Bürgersteigs einen Platz, der Bäckerjunge auf seinem Dreirad, die Schweinehälften auf dem Rücken des Lieferanten und das Kind, das im Hinterzimmer einer Kneipe gefüttert wurde. »Das interessiert doch keinen«, sagte ein Freund dem schriftstellernden Russen, der Vladimir Nabokov hieß. »Und das Ganze ist sowieso einfach langweilig. Eine langweilige fremde Stadt.« Russische Migranten unter sich.

Über Berlin ist viel geschrieben worden. Zu Beginn des zwanzigsten Jahrhunderts, als sie ihre größte Ausdehnung erfuhr, beschrieben Zuwanderer und Einheimische die Stadt als ein dampfendes, zischendes Ungeheuer, das vor allen Dingen einen Höllenlärm machte. Siegfried Kracauer hörte die Straßen spitze Schreie ausstoßen. Robert Walser nahm eine furchteinflößende Riesin wahr, die mit Ach und Krach ihre Riesenarme und -beine in die Straßenschluchten ausstreckte. In den Sälen der städtischen Amtsgerichte beobachtete Elise Hirschmann (Gabriele Tergit) die Berliner, die all diesen Krach verursachten, Gauner und Zuhälter, Verirrte und Unschuldige, sich befehdende Hausfrauen, sitzengelassene Mädchen, Mitglieder rechter Geheimbünde, sogar Hitler war einmal dabei.

In den ethnographischen Beobachtungen, die hier gebündelt sind, ist der Krach abwesend. Sie erkunden hingegen ein Berlin, in der das öffentliche Leben nahezu völlig zum Erliegen gekommen ist. Die Beobachtungen wurden während des allerersten Lockdowns, den Berlin je erfuhr, durchgeführt und beschreiben eine Stadt so still, dass man bisweilen zuhören konnte, wie eine Zigarettenpackung zerknüllt und in den Abfall geworfen wurde. Ziel der Erkundung waren Berlins verschiedene Einwohner. Es wurde gefragt, wie Männer, Frauen und Kinder, Obdachlose und Wohlsituierte, Schwaben, Bayern, Franzosen, Spanier, Chinesen, Türken und Russen, Alteingesessene und Neuzugewanderte mit der unbekannten Situation umgingen und sich in ihr zurecht fanden. Die fünfundfünfzig Skizzen, die dabei entstanden, wenden sich alltäglichen Berliner Szenen zu, die auf den Straßen, Plätzen und Friedhöfen der Stadt beobachtet werden konnten. Sie handeln von flüchtigen Begegnungen, von Postboten bei der Arbeit und Spaziergängern im Park, von Einkäuferinnen auf der Sonnenallee und Menschen in der Schlange, von Kindern, Joggern und S-Bahn-Fahrern, von leeren Gehsteigen, verwaisten Monumenten und Berliner Baustellen. Mit dieser Auswahl schließen die Skizzen an Nabokovs Alltagsbeobachtungen an, mit der entscheidenden Differenz, dass sie ohne das für Berlin übliche soziale Durcheinander auskommen mussten. Zusammen bieten die Skizzen Annäherungen an Berlin während der ersten hundert Tage des verordneten Stillstandes.

Begonnen wurden die Aufzeichnungen am 18. März 2020, an dem Tag, als die Außengrenzen geschlossen wurden und die Bundeskanzlerin abends im Fernsehen verkündete, dass sie jetzt »eine Vollbremsung« brauche. Sie wurden hundert Tage später am 25. Juni beendet, am dem Tag, als Berlin in die Sommerfrische fuhr. Zwischen diesen beiden Daten ereigneten sich zwei Zäsuren, die jeweils die Gangart der Stadt und damit auch die Erzählrichtung änderten. Während der ersten 35 Tage des Lockdowns saß Berlin weitgehend zuhause. In der eingetretenen Stille wurde die Stadt erkundet, ohne jemandem Fragen zu stellen. Es wurde lediglich notiert, was sich unterwegs dem Auge und Ohr bot (»Das Geräusch der Stille«). Nach dem 23. April, als die Läden wieder öffneten, ergaben sich Gespräche in jenem Kiez, in dem die Autorin zuhause ist. Die ersten kamen spontan in Gang. Für die späteren wurden Nachbarn, Ladenbesitzerinnen und Geschäftsleute gefragt, wie es ihnen ergangen war, bzw. wie sie sich ihre Zukunft vorstellten (»Ein Kiez geht durch die Krise«). Als am 15. Mai auch die Restaurants öffneten und das öffentliche Leben wieder an Tempo zunahm, wurde die bisherige Erkundung um Untersuchungen von Berliner Straßen und Stadtteilen ergänzt, die in der Vergangenheit mit jähen Abbrüchen und holperigen Neustarts konfrontiert worden waren. An solchen Orten lagen Geschichte und Gegenwart manchmal so geschichtet, dass sie uns erahnen ließen, wohin der jetzt angekündigte Übergang zur »neuen Normalität« führen könne (»Übergangsorte«).

Mein fachlicher Hintergrund als Religionshistorikerin von Juden und Muslimen vor allem in Berlin ist in manche Straßenbeschreibungen eingeflossen. So unter anderem in »Die Uhlandstraße«, »Die Sonnenallee«, oder »Rund um das Cottbusser Tor«. Manchmal habe ich mich aber auch von der überaus reichen Berlin-Literatur leiten lassen. Rahel Varnhagen, Vladimir Nabokov, Yvan Goll, Walter Benjamin, Gabriele Tergit, François Cavanna, Inge Müller, Uwe Johnson, Wladimir Kaminer: Sie alle gaben mir Rätsel mit auf den Weg, die ich dann vor Ort versuchte zu lösen. Unter anderem »Die Bendlerstraße«, »Die Friedrichstadt«, »Die Friedhöfe vor dem Halleschen Tor«, »Der Kurfürstendamm«, »Das Ostkreuz« und »Der Karl-Marx-Platz« haben so ihre Pointe bekommen.

Vielleicht um der Langeweile seiner Zeitgenossen zu entkommen, für die die Beschreibung alltäglicher Dinge keinen Sinn besaßen, wandte sich Nabokov mit seinem Stadtführer an einen »exzentrischen Berliner Schriftsteller in den zwanziger Jahren des einundzwanzigsten Jahrhunderts«. Beim Festhalten der Alltagsszenen, die sich während des Corona-Lockdowns ereigneten, habe auch ich immer eine solche ferne Leserin vor Augen gehabt. Was jetzt bereits langweilig geworden ist und keiner mehr so genau wissen will, wird in hundert

Jahren sicherlich helfen, »in jeder Bagatelle unseres platten Alltagslebens« zu lesen, was genau sich ereignete, als Berlin stillgelegt wurde, und wie das für die Berliner gewesen ist.

Schließlich. Ob nun exzentrischer Schriftsteller oder ferne Leserin, für die gesamte Arbeit gilt: Wo die männliche oder weibliche Form verwendet wird, ist immer auch die andere Form, im Sinne der Gleichstellung, gemeint.

Gerdien Jonker *Berlin, im September 2020*

Literaturhinweise

Benjamin, Walter. *Berliner Kindheit um Neunzehnhundert* (1950). Frankfurt a.M.: Fischer, 2019.

Cavanna, François. *Das Lied von der Baba.* Berlin: Aufbau-Verlag, 1988.

Goll, Yvan. *Sodom Berlin* (1929). Frankfurt: Fischer Verlag, 1988.

Johnson, Uwe. »Eine Kneipe geht verloren.« In: *Berliner Sachen. Aufsätze* (Frankfurt/M: Suhrkamp 1975), S. 64 – 95.

Jonker, Gerdien. Blog 100 Tage: www.gerdien-jonker.com/blog

Kaminer, Wladimir. *Russendisko.* München: Goldmann, 2002.

Kracauer, Siegfried. *Straßen in Berlin und anderswo* (1926 – 1933). Frankfurt a.M.: Suhrkamp Verlag, 2020.

Müller, Inge. »Unterm Schutt II«. In: *Wenn ich schon sterben muß. Gedichte* (Berlin und Weimar: Aufbau-Verlag 1985), S. 22.

Nabokov, Vladimir. *Putevoditel´ po Berlinu* (1925). Stadtführer Berlin. Fünf Erzählungen (Stuttgart: Reclam 1985), S. 3 – 9.

Tergit, Gabriele (Elise Hirschmann). *Wer schießt aus Liebe? Gerichtsreportagen* (1925 – 1932). Berlin: Das Neue Berlin Verlagsgesellschaft, 1999.

Varnhagen von Ense, K.A. (Hg.). *Rahel. Ein Buch des Andenkens für ihre Freunde. Erster Teil.* Berlin: Bei Duncker und Humblot, 1834.

Walser, Robert. *Berlin gibt immer den Ton an. Kleine Prosa in und über Berlin.* Leipzig: Insel-Taschenbuch, 2006.

Ethnographische Annäherungen

Das englische Wort *Lockdown* bedeutet Einschließen, Einsperren und Wegschließen. Es geht dabei nicht um Wertgegenstände, sondern um Gefangene, und eingesperrt werden diese nicht im Safe, sondern in Gefängniszellen: *the confining of prisoners to their cells*, wie der Eintrag im Oxford Dictionary Thesaurus verlautet. Die Bilder aus Wuhan, Mailand, Rom, Madrid und Paris, die in Februar und März 2020 über den Bildschirm gingen, führten eindrucksvoll vor, wie dieser Vorgang auf die Bewohner dieser Städte angewendet worden war, wie diese also auf einmal hinter Schloss und Riegel der eigenen Wohnungstür eingesperrt saßen, mit täglich einer halben Stunde Freigang für den Hund.

Ein unbekanntes Virus ging um und die Angst vor der Ausbreitung ließ Regierungen zu drakonischen Maßnahmen greifen. Doch soweit wie ihre Amtskollegen wollte die deutsche Bundeskanzlerin offensichtlich nicht gehen. Als sie am 18. März abends im Fernsehen stattdessen von einer »Vollbremsung« sprach, verwandelte sie die Gefangennahme ganzer Stadtbevölkerungen in eine Ausbremsung des öffentlichen Lebens. Was folgte, war verordneter Stillstand. Schulen und Sporthallen, Restaurants und Kneipen, Fußballstadien und Vereinssäle, Bars und Diskos, Einkaufszentren und Läden, Kirchen, Moscheen, Synagogen und Yogazentren machten die Türen zu. In der Folge entleerten sich auch die Straßen. Nicht dass es den Deutschen verboten war, nach draußen zu gehen. Für die allermeisten Menschen jedoch gab es da draußen nichts mehr zu tun.

Für das öffentliche Erscheinungsbild Berlins bedeutete der Lockdown eine ungekannte Ruhe. Ohne seine Einwohner in den Straßen war Berlin eine gänzlich verwandelte, fast unbekannte Stadt. Der Stillstand traf zwar nicht alle gleichermaßen. Beschäftigte in sog. *systemrelevanten Berufen*, Busfahrerinnen, Pflegepersonal, Paketauslieferer und Kioskbesitzer, gingen weiter ihrer Arbeit nach. Aber die meisten Autos blieben in den Garagen. Die meisten Busse waren leer. In den Straßen waren Vögel zu hören und es ließen sich Jogger mitten auf sonst stark befahrenen Straßen beobachten. Zudem zeigte sich schon bald, dass die verschiedenen Bevölkerungsgruppen Berlins, dass Russen, Chinesen und Araber, um nur einige zu nennen, mit dem verordneten Stillstand ganz unterschiedlich umgingen. Es gab da draußen durchaus allerlei zu sehen. Angesichts des radikal verwandelten Stadtbildes stellte sich die Frage, was das war und ob es sich auch in Sprache umwandeln ließ.

Mit diesen Fragen im Gepäck begann die Berichterstatterin am 18. März eine Spurensuche quer durch Berlin. Meine Suche galt zu allererst den »anderen«, nämlich den nie gesehenen Bildern, die der verordnete Stillstand kreierte. Doch erwies sich alsbald, dass die Welt da draußen nicht nur anders geworden war, sondern sich auch anders beobachten und in Worte fassen ließ. Daraus erwuchs jeden Tag ein Ringen um Sprache. Es fehlten nicht nur wissenschaftliche Begriffe, die das Gesehene und Gehörte auf einen Nenner hätten bringen können. Sondern das, was mir im Laufen entgegenkam, fragte um eigene Sätze und einen eigenen Rhythmus. Manchmal entstanden neue Wortschöpfungen dabei.

Die Methode, die dabei angewandt wurde, erschöpfte sich darin, quer durch Berlin die unterschiedlichsten Straßen und Viertel zu erlaufen. Manchmal waren das lange Wege. Wer, wie die Autorin, in Wilmersdorf wohnt, ist vom zentralen Stadtgeschehen weit entfernt. Der Berliner Westen ist eine Stadt, die um 1900 für die damaligen Neureichen gebaut wurde und sie hat mit dem Ostkreuz, mit Lichtenberg, dem Prenzlauer Berg und Mitte nur sehr wenig gemein. »Unter den Linden tanzen die Behren/Dann schießen französische Jäger die Tauben/Dann tragen die Mohren die Kronen nach Leipzig«, hält ein Berliner Merkvers fest. Nach all dem sucht man am Kurfürstendamm vergeblich. Die Strecken von Wilmersdorf zu den übrigen Vierteln funktionierten wie Schneisen, in denen der Spaziergängerin in rascher Abfolge Menschen und Begebenheiten entgegenkamen, die sich oftmals zu einem bestimmten Muster verdichteten (siehe unten). Das war das Knochengerüst, auf das jeder Bericht aufbaute.

Während der ersten 35 Tage umfasste die ethnographische Erkundung alles, was sich dem Auge bot und vom Ohr aufgefangen werden konnte. Die Routen erstreckten sich auf fünf bis fünfzehn Kilometer – die Fahrt mit der S-Bahn um die Stadt herum erfasste 37,5 Kilometer – und sie erlaubten in der Tat eine Menge Eindrücke. Diese ereigneten sich zwar nacheinander, fanden dennoch im selben Seh- und Hör-Raum statt. Um sie zu bewältigen, wurden bereits unterwegs erste Notizen verfasst. Da Tische und Stühle aus dem öffentlichen Raum verschwunden waren, mussten dafür oftmals eine Häuserwand oder die eigenen Knie als Unterlage herhalten. Später am Tag wurden die Notizen in einen Tagesbericht umgewandelt und um 18.00 Uhr in einem Blog publiziert. Diese Herangehensweise hatte zur Folge, dass die Texte die Bewegung des Laufens, das schnelle Nacheinander der Eindrücke, in sich aufnahmen. Deren zeitnahe Publikation setzte eine Kommunikation in Gang. Manche Leser gaben sogleich Rückmeldungen, korrigierten falsche Angaben und schlugen Orte vor, die zu erlaufen sich lohnen würden. Insgesamt wurden 300 Kilometer zurückgelegt, bis die Eröffnung der Läden die Stadt in Wallung brachte und sie das Tempo wechseln ließ.

In dieser und der nächsten Phase wurde die Stadtspaziergängerin verschiedentlich mit dem Zeitempfinden unter den Umständen eines Lockdowns konfrontiert. Zunächst schien es, dass der verordnete Stillstand auch die Zeit hatte gefrieren lassen. Die Tage schmolzen ineinander. Montag ließ sich nicht mehr von Dienstag unterscheiden. Das Wochenende hatte seine besondere Funktion eingebüßt. Auch die Kirchen, Synagogen und Moscheen, die sonst mit ihren religiösen Kalendern den Takt vorgeben, blieben stumm. Pesach, Ramadan und Ostern fielen als gemeinschaftlich erlebte Ereignisse aus. Es war daher vielleicht nicht verwunderlich, dass nach Beenden des ersten

Lockdowns, nach dem 23. April also, viele Menschen sich über die Zeit, die gerade vergangene und die vor ihnen liegende, intensiv Gedanken machten. In den Gesprächen, die zwischen den 25. April und den 15. Mai aufgezeichnet wurden, wurde die Zeit zurechtgerückt, eingeordnet und mit anderen Zeiten verglichen. Es wurden neue Zeithorizonte aufgemacht, »bis Ende Mai«, »in hundert Tagen«, »bis Weihnachten«, oder auch »bis diese Gesellschaft wieder im Lot ist«. Manche sagten, den Stillstand als Ent-schleunigung erfahren zu haben. Andere hatten ihn eher »wie Treibsand« in Erinnerung. Eine Frau meinte, ihr Leben sei »nicht mehr planbar« gewesen und werde es auf lange Sicht auch nicht mehr sein. Aber wie auch immer das individuelle Empfinden war, alle wollten in dem Moment den Stillstand »hinter sich kriegen«. Sie wollten »nicht aufgeben« und sich auch »nicht kleinkriegen lassen.«

In den ersten Tagen der Öffnung brauchte ich manchmal nur einer Person ins Auge zu schauen und schon erzählte diese, wie es weitergehen könnte. Offensichtlich hatten sich viele eine Erzählung davon zurechtgelegt, wie lange es noch dauern und was das für einen selber bedeuten würde. Später besuchte ich Läden und Geschäfte entlang der Uhlandstraße und ihren Seitenstraßen und fragte dort nach, wie es ging. So entstanden neunzehn Erzählungen desselben Ereignisses, die nicht unterschiedlicher hätten sein können. Die Blogleserschaft wurde nun um Ladeninhaber ergänzt, die zu ihrem eigenen Erstaunen lasen, wie es den Nachbarn ergangen war.

Als die Restauranteröffnung sich näherte, gab es für solche Gespräche kaum mehr Zeit. Die Stadt schaltete durch und erprobte die »neue Normalität«, indem sie an Tempo und Ungeduld zulegte. Die Worte, die diese Umschaltung begleiteten, hießen »Rückkehr«, »wieder« und »Normalität«. Es waren Zukunftsverheißungen, wobei niemand wusste, ob sie sich auch bewahrheiten lassen würden. Sie stellten aber die Frage des Übergangs, wohin er uns führen und wie er die Zukunft gestalten würde.

Um den Umfang des Problems, das sich damit ankündigte, abzutasten, wurden abschließend zehn Straßen und Viertel aufgesucht, in denen in der Vergangenheit bereits einmal ein jäher Abbruch und ein

Neuanfang erprobt worden war. Es war der Versuch, die Physiognomie solcher Orte zu ergründen und sie daraufhin abzutasten, ob sie uns heute etwas sagen können.

Damit war auch das dritte Ziel der ethnographischen Erkundung abgesteckt: die fortwährende Anwesenheit der Vergangenheit im Stadtraum. Wie jede Stadt hat Berlin überall ihre Sedimente abgelagert und sie ragen an unerwarteten Stellen in die Gegenwart hinein. Diese sind für alle sichtbar, doch sind sie so alltäglich, dass man sie meistens nicht »sieht«. Doch wie jede Stadtbewohnerin weiß: Bevor sie selber da war, bewohnten andere die Stadt, hatten ihre Füße auf dasselbe Pflaster gesetzt und waren durch dieselben Türen hindurch gegangen. Berliner wissen um die Bombenwucht, die Häuser in Trümmer verwandelte und die Einschüsse, die da und dort noch zu sehen sind. Man steht an einer Ecke und denkt, war hier nun die Mauer oder doch da drüben? Studiert die Friedhöfe, auf denen Franzosen, Osmanen und Russen begraben liegen, liest die persischen und hebräischen Buchstaben und sinniert über die zahlreichen Einwanderer früherer Jahrhunderte, die inzwischen im Genus »Berliner« aufgegangen sind. Man bückt sich zu den kupfernen Plaketten, welche die Namen und Todesdaten ermordeter Nachbarn tragen, sucht die vielen verschiedenen Erinnerungsorte auf und nimmt dabei ihre intime Nähe zur Gegenwart wahr. Böhmischer Gottesacker neben türkischem Imbiss, die ermordeten Sinti und Roma neben den Mauertoten, Stolpersteine vor den Eingängen russischer Lokale, Mauerstücke am Potsdamer Platz.

Worum es nicht ging. Es ging nicht darum, die gesamte Stadt ethnographisch zu erfassen. Vielmehr wurden Schneisen durch sie hindurch geschlagen und im Laufen nahe und ferne Viertel bruchstückhaft erfasst. Daraus ergaben sich Muster der Wiedererkennung, welche die Form der Berichterstattung entscheidend mitgeprägt haben:

- Durch eine ganze Stadt hindurch zu gehen, ist wie durch einen Fluss zu waten. Es machen sich die seichten Stellen ebenso bemerkbar wie die verborgenen Steine und Widerstände. Zwar folgen sie scheinbar unverbunden aufeinander, doch setzt die Tatsache, dass es sich dabei um dieselbe Straße handeln kann, eine Beziehung voraus. Ihre schnelle Abfolge bestimmte den Rhythmus der Erzählung.

- Jede Straße, jedes Viertel, jeder Kiez ist horizontal geschichtet. In ihnen bewegen sich Menschen und Begebenheiten auf engstem Raum. Auch wenn sie sich nicht kennen, der Raum ist es, den sie miteinander teilen. Zusammen prägen sie das Straßenbild. Was sich bruchstückhaft wahrnehmen ließ, waren Teile eines Puzzles, bei denen man nie so genau wusste, wie viele es noch davon gibt.
- Obwohl sie meist von den Anwohnenden nicht bewusst »gesehen« wird, war die vertikale Schichtung immer dabei. Es sind die vergangenen (Fehl-)Entscheidungen und Katastrophen, die ins Stadtbild eingegangen sind und bis heute ihr Gesicht prägen. Sie bestimmen, wie man sich in ihr bewegt und sich darstellt, ob zum Beispiel das Pflaster glatt ist oder man darüber strauchelt, ob sich der Schlitten am Straßenrand parken lässt, ob es Läden und Grünanlagen gibt. In Berlin ist vieles ein Überbleibsel anderer Epochen und deren unverrückbares Erbe. Es war die Bühne, auf die die übliche Öffentlichkeit zwar fehlte, auf der sich aber das »andere« wie auf ein Präsentierteller ungeniert beobachten ließ.

Literaturhinweise

Halbwachs, Maurice. *Das kollektive Gedächtnis*. Frankfurt a.M.: Fischer, 1991.

Oxford Dictionary Thesaurus. Oxford: Oxford University Press, 2001.

Simmel, Georg. *Die Soziologie. Untersuchungen über die Formen der Vergesellschaftung*. Gesamtausgabe Bd. 11, Hg. von Otthein Rammstedt, Frankfurt a.M.: Suhrkamp, 1992.

Weisshaar, Bertram (Hg.). *Spaziergangswissenschaft in Praxis. Formate der Fortbewegung*. Berlin: JOVIS Verlag, 2013.

Das Geräusch der Stille

Mittwoch, der 18. März

Vom Hohenzollerndamm bis Hauptbahnhof

Kurz vor zehn ist die Fasanenstraße noch leer. Die Antikläden sind geschlossen, die Bekleidungsgeschäfte zugeklebt. Nur bei Degussa steht eine Schlange von Leuten in gebührendem Abstand zueinander, Zeitungen und Handy vor der Nase. Wollen sie Gold kaufen oder verkaufen? Das ist hier die Frage. Schweigen. Ich ziehe in der Straßenmitte an ihnen vorbei. Am Kurfürstendamm ist alles wie es sein soll, zehn gelbe Busse, Stühle vor dem Kranzlereck, Passanten. Am Bahnhof Zoo die erste Überraschung. Wo sonst gedrängt und geschubst wird, zähle ich nur acht Pendler. Wo sind die Taschenroller, die Drogentypen, die Alkis geblieben? Die Kartenverkäufer sitzen in ihrem Provisorium außerhalb des Bahnhofs, doch durch die Fenster erblicke ich null Publikumsverkehr. Oben fahren die Züge wie immer. Auf der Überseite des Hardenbergplatzes wird gerade das Tor zum Zoo geöffnet. Tiere können sich ja nicht anstecken. Am Wegrand im Tiergarten blühen die Forsythien, die Schleuse ist voller Möwen. Rechterhand wagen sich die Hyänen dicht ans Gitter, vielleicht, um Frühlingsluft zu schnuppern, vielleicht interessiert auch noch anderes. Am Kanalrand sitzt jedenfalls ein Obdachloser, umgeben von großen Packen Altpapier. Sein strenger Geruch verfolgt mich noch eine Weile. Im Park-Café dann doch ein paar Kaffeetrinker in der Morgensonne. Ich umrunde die spanische Botschaft und gehe die erhabene Tiergartenstraße entlang. Vor der gigantomanischen saudi-arabischen Botschaft staut sich eine zweite Schlange, Frauen mit Kopftüchern, Kinder, alte Männer. Gibt es noch Flugzeuge, die sie nachhause bringen wollen? Links in den

Tiergarten hinein Bläue soweit das Auge reicht, wilde Hyazinthen, Bärlauch und Anemonen, auf der breiten Allee aber niemand, der sie bewundert. Beim Überqueren der Straße des 17. Juni sehe ich das Brandenburger Tor und mache mitten auf der Fahrbahn ein paar Bilder. Kommt ja eh kein Auto. Es duftet nach Waldboden. Noch 400 Meter bis zum Kanzleramt. Stille. Ob die Kanzlerin mal richtig schläft? Rechts taucht hinter den Bäumen der verlassene Skulpturengarten auf, dahinter der Reichstag, zweifelsohne ebenfalls verlassen. Hier will heute niemand spazieren gehen. Zwischen Kanzleramt und Abgeordnetenhaus sind die Straßenarbeiten im Stich gelassen worden. Ein rot-weißes Absperrungsband flattert im Wind. Hinter der Schweizer Botschaft badet der Hauptbahnhof im grellen Frühlingslicht. Ein einsamer Saxophonspieler und eine ratternde S-Bahn machen zusammen Stadtmusik. Die Straßenbänke, das Pflaster, die Rolltreppen, alles glänzt vor unbenutzter Sauberkeit. Ist man zwischen den Fronten, hört man die Kanonen. Ein Tsunami türmt sich zur Wand, bevor er auf uns niederkracht. Aber das hier? Lauter Sonnenschein und Frühlingsblüten. Irrer könnte das Gesicht einer Krise nicht aussehen (vgl. Abb. 1).

Abbildung 1.1-2: Das Brandenburger Tor am 18. März

Donnerstag, der 19. März

Auf der Wilmersdorfer Straße

Unterwegs zum heutigen Ziel, eine Strecke von immerhin zwei Kilometern, begegnen mir fünf angeleinte Hunde samt Begleitung, dazu etwa ebenso viele solitäre Mundschutzträger. Weiter nicht viel los an diesem schönen Frühlingsmorgen. Ein alter Mann am Stock, ein zerknittertes altes Dämchen mit vielen Taschen. »Ich glaube an Gott«, sagt sie gerade zu ihrem Begleiter, einem dicklichen jungen Herrn, als ich die beiden passiere. Auch der Italiener in der Düsseldorfer Straße hat jetzt zugemacht. Leider die Kaffeeläden ebenso. In den Fenstern Zettel mit »Werte Kundschaft, als Folge der jetzigen Situation …«. In der Bank am Adenauerplatz sticht eine große Vielfalt an Mundbedeckungen ins Auge. Die Bankangestellten tragen kleinen schwarzen Mundschutz. Einige Frauen haben farbige Stofffetzen mit Gummis hinter den Ohren befestigt. Ein junger Mann zieht seinen Rollkragenpullover über die Nase. Beim Herumschauen merke ich, dass ich zu einer Minderheit gehöre.

Erst als die S-Bahn-Unterführung passiert wird, ist ändert sich das Straßenbild abrupt. Die Wilmersdorfer Straße hat ihren ganz eigenen Stil. Jungen mit Skateboards, junge Mütter mit Kinderwagen, Familien, eine Gruppe Männer mit Bierflaschen in der Hand. Türkische, russische, polnische Stimmen mischen sich, einmal ist auch eine seltene albanische zu hören. Ecke Goethestraße halte ich an, um eine Bestandaufnahme zu machen. Rechterhand vierzig Passanten, linkerhand ebenso viele, etwa jede Dritte mit einer Packung Klopapierrollen in der Hand, nur vereinzelt Mundschutz. Auf dem Gerüst vor den Wilmersdorfer Passagen sind noch immer Arbeiter zu Gange. Der Baulärm macht dem ukrainischen Akkordeonspieler Konkurrenz, der ausnahmsweise keinen Bach, sondern fröhliche deutsche Volksmusik spielt. In seinem Kasten keine Münzen. Im Laden mit dem großen blauen Fisch als Aushängeschild wurde das Geschäft kurzerhand eingeschränkt. Geräuchertes und Fischbrötchen sind jetzt zusammengelegt worden. Beim Frischfisch wurde mithilfe roter Flurstreifen ein Sicherheitsabstand eingeführt. Eine Kundin tritt aus alter Gewohnheit engagiert nach vorne, um den Fisch ihrer Wahl mit dem Finger anzuzeigen und wird strengstens zurückgewiesen. »Sonst muss ich mein Geschäft zuschließen«, meint der Fischverkäufer. Erschrockene Gesichter. Wir sind alle Gewohnheitstiere.

Auf dem Rückweg ist der Akkordeonspieler von einem Mann mit Bassklarinette abgelöst worden. Wehmütige mazedonische Klänge füllen die Straße. »Aus Bulgarien«, sagt der junge Musiker, als ich frage, woher. Der Bäcker gegenüber hat Tische mit blauen Tischdecken herausgestellt. Kundschaft setzt sich, die Sonne kommt raus. Eine Frau lacht ins Handy. Auf der Kantstraße wohltuend wenig Verkehr. Beim Spanier wird per sofort ein Fischverkäufer gesucht. Beim Italiener am Walter-Benjamin-Platz lehnt ein handgemaltes Schildchen im Fenster: »Alles wird gut«. Kurz vor der eigenen Haustür stürzt mir ein Freund entgegen, ein großer Mann mit einem überdimensionierten Mundschutz, der mich dennoch umarmen will. »Mir ist mulmig«, sagt er, »wenn ich infiziert werde, sterbe ich«, und »ich muss den Hund doch rauslassen können«. Wir verabreden, uns regelmäßig zu schreiben (vgl. Abb. 2).

Abbildung 2: Auf der Wilmersdorfer Straße

Freitag, der 20. März
Rund um das Cottbusser Tor

Beim Verlassen der U-Bahn nieselt es leicht. Es ist Mittagszeit, der türkische Obststand macht gerade zu. In dem winzigen Frisörladen werden noch ein paar Männerköpfe geschoren. Der Inhaber des Zeitungskiosks schließt seine Straßentür ab. Die Zeichen stehen auf *Cuma*, den Anfang des Freitaggebets. Mehr als siebzig Moscheen gibt es in Berlin, davon ein Dutzend entlang der Skalitzer Straße. Wo sie die Mariannenstraße kreuzt, sind die wichtigsten auf einen Blick zu sehen. Rechts die Kuppel und Minarette der Mevlana-Moschee. Links die gläserne Front des Omar-Ibn-Al-Khattab. Die Mevlana äugt arg verlassen. Der Zugang zu den Waschlokalen ist von einem Zaun versperrt. Niemand zu sehen. Regen.

Im Zugangsbereich der Omar-Ibn-Al-Khattab prangt ein großes Plakat in drei Sprachen, das die sofortige Schließung auf Anordnung des Senats verkündet. Hat die Moschee wirklich zugemacht? Ich umrunde das Bauwerk, das außerdem zwei Restaurants, einen Buchladen und einen Frisör beherbergt. Auf der Hinterseite strömt gerade ein Trupp junger Männer durch die dunkel getönte Glastür des Frisörladens. Jacken werden hochgezogen, Zigaretten frisch angezündet. Man klopft sich gegenseitig auf die Schultern, umarmt sich. Da! Wieder ein Schwung! Jetzt auch ältere Männer darunter. Am Eingang sitzen zwei Bettlerinnen, das sichere Zeichen vom Ende eines jeden Freitaggebets. Ein Bus hält vor der Tür und nimmt die Beter mit. Aus der Glastür tritt inzwischen wieder eine Gruppe auf den Gehsteig. So machten die Katholiken in Amsterdam es auch, als der Katholizismus dort noch verboten war.

Bei DITIB, drei Häuser weiter, herrscht ein anderes Regime. Ein Zettel am Tor weist die Gläubigen an, die Ansteckungsgefahr ernst zu nehmen und Sorgfalt und Rücksicht zu üben. Darunter das schöne Koranzitat »Wer einen Mensch am Leben erhält, so ist es, als ob er die ganze Menschheit rettet«. Im verlassenen Hof toben vier kleine Mädchen auf Rollschuhen: die Töchter des Imams. Der Vater steht in einer Türöffnung und schaut ihnen lächelnd dabei zu.

In der Naunynstraße herrscht lauter Traurigkeit. Foto Selcuk, Hongkong-Shop und Aki Tatsu Sushi haben zugesperrt. Bei Pho, Hasir Restaurant und Hasir Burger warten die Kellner in ihren weißen Schürzen noch auf Kundschaft. Nur Dilek Blumen macht rege Geschäfte. Ein Stück weiter ertönt plötzlich Musik. Bei Baklava Gaziantep, wo sich im Fenster die Honigkringel türmen, drängt stürmisch Beethovens *Apassionata* nach außen. Dank der fast autofreien Straße lässt sich das Stück auch vor der Tür zu Ende hören. Eine junge Frau bringt mir derweil einen Cappuccino. Ihr Gesicht ist konzentriert, ihr Körper bewegt sich im Takt. Musik ist subversiv, schreibt Edward Said, hat sie doch die Kraft, jede Schwere zu heben. Und wenn es nur ein bisschen ist (vgl. Abb. 3).

Abbildung 3: Blick auf die Mevlana-Moschee

Samstag, der 21. März
Auf der Sonnenallee

Wo in Berlin ist es belebter als samstagmorgens auf der Sonnenallee? Richtig. Samstagabends auf der Sonnenallee, wenn die Straßenschiffe und die Barbesitzer ihre Lautstärke um die Wette aufdrehen. Gleich zu Anfang springen die Zettel ins Auge, die überall an die Hauswände geklebt sind. Die Aufschrift »Wir trauern. #Saytheirnames«. Dazu die Gesichter von Sedat Gürbüz, Hamaz Kurtovic, Vilo Viorel Paun, Ferhat Unran, Kaloyan Volkov, Gökhar Gültekin, Mercedes Kievpacz und Said Nesar Hashmi. Wie jung sie noch waren. Am 25. Februar wurden sie ermordet. Erst ein Monat ist das her, hier sind sie noch nicht vergessen. An diesem Morgen geht es, der schneidenden Kälte zum Trotz, auf der Sonnenallee noch immer belebter zu als auf dem Ku'damm.

Auf der Sonnenallee reihen sich die Juweliere, die Leih- und Pfandhäuser, die Spielotheken, Sportwetten, Spätis, Cocktail- und Shisha-Bars dicht an dicht, dazwischen Süßigkeits- und Gemüseläden, Metzger mit halben Schafen in der Fensterauslage, Showarma- und Hühnergrills. Heute gibt es ein Menschengedränge bei den Gemüseauslagen. Der Inhaber hat sich seinen Mundschutz in die Haare geschoben und zieht gerade die Plastikhandschuhe aus, um besser zupacken zu können. Männer gehen mit Tüten voller Zwiebeln und Orangen davon. Autos warten am Straßenrand, um die Einkäufe im Empfang zu nehmen. Eine füllige Matrone hat ihre beiden Söhne im Schlepptau, vier Tüten in jeder Hand. Der Teeverkäufer füllt heiße Kohle in den Boden seiner Teekanne und streckt die Becher aus. Es wird gekauft, gerufen und gelacht. Ein saftiges Arabisch erfüllt die Morgenluft. Moscheen sucht man vergeblich. Dafür gibt es Kleingewerbe, Handwerksbetriebe, Sportzentren, Aushängeschilder in grüner, blauer und roter Leuchtschrift. Ich zähle nur einen Geldautomaten.

Ecke Wildenbruchstraße ist der Kiez zu Ende. Ich mache kehrt auf der gegenüberliegenden Seite. Die Sonne kommt raus und beleuchtet die Satelliten-Schüsseln, die wie ein Feld Sonnenblumen ihre Schalen gegen Süden richten. Das beantwortet die Frage, wie die arabische Bevölkerung sich über die Lage auf dem Laufenden hält. Unten wirbt die B.Z. mit Riesenbuchstaben: »Corona-Ausgangssperre. So bereitet Berlin darauf vor«. Ob jemand Donnerstagabend auch die Bundeskanzlerin gesehen hat?

Ecke Cottbusser Damm sehe ich die ersten nicht-arabischen Gesichter. Bei Penny lässt ein Dutzend Obdachloser eine Zigarette kreisen, jeder mit einer Bierflasche in der Hand. Ein altes Ehepaar trinkt Kaffee beim Zeitungskiosk, ihr klappriger Hund auf der Bank daneben. Chinesen, Asiaten, Afroamerikaner, Spanier, Israelis und Deutsche kommen mir jetzt entgegen. Bioläden, Restaurants und Kaffeegeschäfte laden zum Verweilen ein. Vor der Synagoge am Fränkelufer, wo der Säulengang trotzig in blaues und weißes Tuch eingeschlagen ist, wacht eine Polizeistreife. Das Leben geht weiter – trotz oder wegen der Vollbremsung, das ist schwer zu sagen (vgl. Abb. 4).

Abbildung 4: SayTheirNames

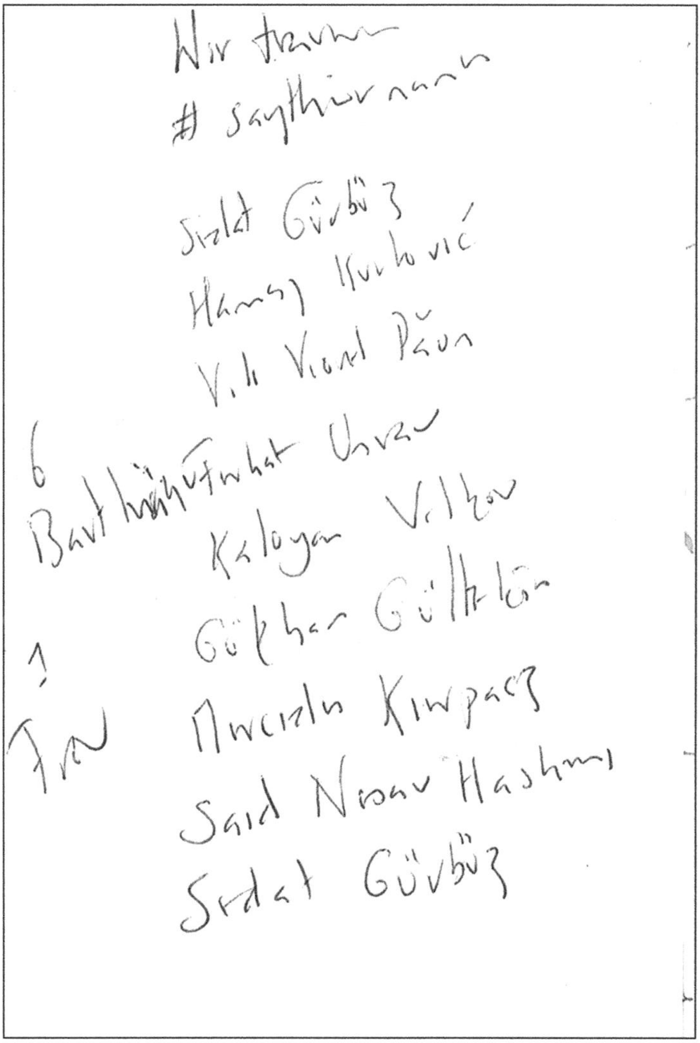

Wir trauern

saytheirnames

Sedat Gürbüz

Hamza Kurtović

Vili Viorel Păun

Ferhat Unvar

Kaloyan Velkov

Gökhan Gültekin

Mercedes Kierpacz

Said Nesar Hashemi

Sedat Gürbüz

Sonntag, der 22. März
Im Wilmersdorfer Kiez

Wir haben es geschafft. Gestern Abend um sieben trat unser Straßenabschnitt nach italienischen Vorbild auf den Balkon hinaus und applaudierte dem Pflegepersonal. Auf der gegenüber liegenden Straßenseite wurden Wunderkerzen dazu geschwenkt. Zum Abschluss klang ein »Tschüss bis morgen« über die Straße. Dann war es wieder still.

Wer sind die Wilmersdorfer? Selbstgenügsam und verschwiegen. Die Leute mit der höchsten Biomarktdichte. Airbnb-Vermieter. Gabriele Tergit schrieb schon 1931 über die riesigen Zehn-Zimmer-Wohnungen, die bis zur Decke mit Büchern und Möbeln vollgestopft waren. Doch ändert sich momentan etwas. Eine Freundin schrieb heute morgen aus der Ludwigkirchstraße, dass das Geräusch der Rollkoffer seit gut einer Woche verschwunden sei. Ich gehe heute quer durch die wohlbekannten Straßen, um dem Kiez etwas Neues abzugewinnen.

Wilmersdorf, das ist zuallererst oben und unten, Gegenwart im Dialog mit der Geschichte. Oben der Stuck und die Loggien, wo nur selten sich jemand blicken lässt. Unten die für alle sichtbaren Stolpersteine, mit denen viele Hausgemeinschaften den früheren Wilmersdorfern ein kleines Denkmal setzen. In der Fasanenstraße zähle ich alleine 60, von Edith und Franz Josephy nahe dem Hohenzollerndamm bis zur Familie Béhar an der Ecke zur Kantstraße. In der Nassauischen, der Holsteinischen, der Uhland-, der Kant- und der Mommsenstraße dürften es wesentlich mehr sein. Ich bücke mich heute zu den Schwestern Katharina und Hermine Berend, Jahrgang 1868 respektive 1871, schicke ein Foto an Judith in Kalifornien, die mir schon oft bei

Recherchen geholfen hat und empfange prompt zwei Todesanzeigen. »Stand: Ledig. Religion: Mosaisch. Sterbeort: Theresienstadt. Zimmer: L. 415 – 26. Datum 14.4.42. Todesursache: Morbus Senilis«. Wie lange die beiden wohl in ihrer Wohnung hier oben eingesperrt waren, bevor sie dieses Schicksal ereilte?

Am Ludwigkirchplatz kommen Spaziergänger nach draußen, Eltern mit Hunden und Kindern, einsame Läufer, eine alte Dame im Rollstuhl und ihr Begleiter. Eine Rauchergruppe bildet sich. Zwei Jungs legen verstohlen ihr Skateboard ab. Bei BäckerMann hat sich eine Schlange gebildet. Ein junger Russe regt sich lauthals über das Abstandhalten auf, benutzt Worte wie hysterisch und sinnlos. Die übrigen Wartenden weichen still bis an die Bordsteinkante zurück. Auch beim Portugiesen wird Gebäck eingekauft, auch dort stehen Russen an, diesmal mit Mundschutz. Die Kirche liegt verlassen in der Mitte.

Der Wilmersdorfer Kiez ist überaltert. Wohnhäuser wurden in Seniorenheime umgewandelt. In einigen Straßen werden im großen Stil Nachlässe gekauft und verwaltet; ein sicheres Zeichen dafür, dass die Dinge sich langsam zu ändern beginnen. Ich passiere eine Wohngemeinschaft für Alzheimer-Patienten. Das Haus, in jedem Stock zwölf Zimmer um den Hof, ist mir von vielen Besuchen bekannt. Wie es dort oben jetzt wohl aussieht? Wer eine Frage formuliert, hörte ich soeben eine Humanmedizinerin im Fernsehen sagen, der wächst von selber in die Antwort hinein. Ein Rilke-Wort. Wir werden es ihm heute gleichtun müssen (vgl. Abb. 5).

Abbildung 5.1-2: Sonntagmorgen in Wilmersdorf

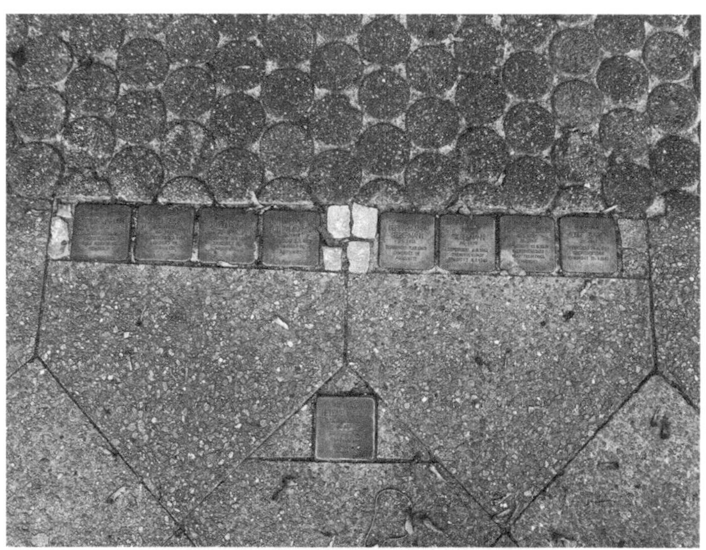

Literaturhinweise

Béhar, Isaac. *Versprich mir, dass Du am Leben bleibst. Ein jüdisches Schicksal.* Berlin: Ullstein, 2002.

Kaufhold, Enno. *Berliner Interieurs 1910-1930. Fotografien von Waldemar Titzenthaler.* Berlin: Nicolaische Verlagsbuchhandlung GmbH, 2013.

Koordinierungsstelle Stolpersteine in Berlin, *Stolpersteine in Berlin. 12 Kiezspaziergänge.* Berlin: Aktives Museum Faschismus und Widerstand in Berlin e.V., 2014.

Montag, der 23. März
Auf der Suche nach Russki Berlin

Die russischen Einwanderer Berlins sind in keiner besonderen Gegend zuhause. Dafür gibt es Ukrainer, Weißrussen, Tataren, Armenier, Aserbaidschaner, Russlanddeutsche und Georgier, die in Berlin in denselben Läden einkaufen, in denselben Restaurants essen gehen, dieselben russischen Zeitungen lesen und Gotteshäuser aller Art unterhalten. Dazu Musiker, Diskos, eine Russenmafia und ein dichtes Netz an Spielhallen. Wohin also gehen, um in Erfahrung zu bringen, wie es ihnen geht? Ich fange in der Uhlandstraße an und lerne: So schnell geben sie nicht auf. Die Grüne Laterne zum Beispiel, Berlins bekanntestes russisches Restaurant, hat nach der gestrigen Restaurantschließung umgehend eine Renovierung in Angriff genommen. Tische, Bänke, Theke, Teile der Wandverkleidung stehen schon draußen, drinnen erste Klopfgeräusche und Staub. Das Avantgarde, ein paar Häuser weiter, hat kurzerhand auf Mittagstisch umgeschaltet, Süßwasserfische vom Holzkohlengrill für 6,95 Euro. Eine Dame putzt noch die Fenster, um 12.00 Uhr kann es losgehen. Auch das Lemberg hat geöffnet. Die Eigentümerin, eine wahre Hohepriesterin des russischen Kaviars, lässt wie gewohnt die Kunden kosten, empfiehlt die Tageslieferung, wiegt ab. Im Supermarkt Russia am S-Bahnhof Charlottenburg dröhnt peppiger russischer Pop. Ich kaufe die Zeitung Russki Berlin, Sesam in Honig und kandierten Ingwer. Beim Ingwer lacht der Kassierer kurz in seinen Mundschutz. »Ich esse auch Ingwer. Wir alle essen Ingwer! Ist gut gegen die Erkältung. Ist gut für die Laune!« Der Ingwer also, der könnte sich noch als Retter in der Not herausstellen.

In der Zeitung ein Foto von Patriarch Kirill. Die FAZ meldete bereits, dass, wenn es nach ihm geht, die Ostermessen wie gewohnt stattfinden können, der Gemeinschaftslöffel aber, mit dem die Kommunion üblicherweise verabreicht wird, in diesem Jahr nach jedem Gebrauch desinfiziert werden soll. Ich gehe Richtung Fehrbelliner Platz, um die Nachricht zu verifizieren. Die Russisch-Orthodoxe Kirche jedoch liegt verwaist auf ihrer Insel zwischen Autobahnauffahrt und Hohenzollerndamm. Wer sie umrundet und die Augen Richtung Zentrum hebt, sieht an der Berliner Straße die Minarette der Wilmersdorfer Moschee schimmern. Warum nicht den Imam fragen, ob sie in letzter Zeit noch Kontakt hatten? Auf mein Klingeln kommt er in den Garten heraus. Wir unterhalten uns übers Tor. »Wie geht es dem Imam?« Breites Lächeln. »Endlich meine Ruhe.« Bereits 1924 war die Moschee eine Anlaufstelle für russische Tataren und ist es bis heute geblieben. »Was machen die nebenan?«, frage ich mit einem Kopfnicken Richtung Kirche. Jemand sei gekommen mit jeder Menge Packungen Mehl und Reis, sagt er. Fragte, ob er die Moschee als Lagerplatz benutzen könne. Er hat ihn abgewiesen. »Wir haben die Bomben (im zweiten Weltkrieg) überlebt. Werden wir das hier auch wohl überleben.«

Auf dem Heimweg stelle ich fest, dass die Buchhandlungen offen sind. Ach Deutschland, einig Lese-Land. Ich liebe Dich. Was wären wir jetzt ohne ein Buch? Auf meinem Schreibtisch liegt noch eins von Wladimir Kaminer. Ich schlage es willkürlich auf und finde, »Nie etwas ausdenken, sondern immer dem Leben vertrauen«. Na prima (vgl. Abb. 6).

Abbildung 6: Die Russisch-Orthodoxe Kirche hinter dem Fehlbelliner Platz

Literaturhinweis

Kaminer, Wladimir. *Russendisko.* München: Goldmann, 2002.

Dienstag, der 24. März
Wo Berlin am stillsten ist

Heute ist es still. Stille auf allen Wegen, wie der Dichter sagt. Die Sonne ist aufgegangen und hat die Häuser berührt. Die Zeitung lag wie von Zauberhand vor der Wohnungstür. Die Müllmänner sind gekommen und haben die Tonnen durch den Hof gerollt. Dann haben die Stare noch laute Pfeiftöne von sich gegeben. Dann war Ruhe. Am Anfang der Schöpfung soll die Welt *tohu wa bohu*, wüst und leer, gewesen sein. Von Lärm war nie die Rede. In der Antike kündigte Stille die fast greifbare Nähe der transzendenten Welt an. Ob Götter, Geister oder Tote, ob Dämonen, Hexen oder Feen, die Stille war ihr Vorbote und ein Raum voller Potential. Wir, die wir in unseren Wohnungen sitzen und verständnislos nach draußen schauen, nähern uns ihr langsam an. Draußen glänzt die Straße vor Möglichkeiten. Ein DHL-Fahrer hält, trägt Pakete in den Kiosk, fährt wieder davon, lässt Stille zurück. Wo es heute in Berlin am stillsten ist? Ich begebe mich auf die Suche.

Auf dem Vorplatz des Berliner Krematoriums, aufgestellt in der Choreographie dieser Tage, verharren schweigend sieben Personen, jede mit einer weißen Rose in der Hand. Zwischen vier Grablichtern die Urne. Der Friedhofswärter spricht einen Satz in die Stille hinein, umfasst die Urne, schreitet sorgfältig den Säulengang entlang. Die Füße der Trauernden klopfen ein Requiem auf das Pflaster. In mir steigen Purcell's *funeral sentences* hoch, »In the midst of life we are in death«, und »Rejoice in the Lord alway/and again I say rejoice«.

An der anderen Seite des Krematoriums liegt das Gräberfeld verlassen in der Mittagssonne. Hier ruhen sie, die auch im Tode sich nicht von der Religion vereinnahmen lassen wollten. Berliner mit altbekannten Namen wie Schubert, Naumann und Blisse. Nachkommen aus den bi-nationalen Ehen der Zwischenkriegszeit wie Ursula Özdemir, Dr. Soraja Wenig, Abdel Kader Sheikh-Ali oder Feiridoun Kankarlou. Eine Familie Asher. Eine Familie Levin. Die Ghazanfarians. Berlin war immer ein multikultureller und vor allem ein säkularer Ort. Um das zu wissen, braucht es nicht den Lärm der Wilmersdorfer Straße oder der Sonnenallee. Hier waren sie schon immer in Stille vereint.

Hinter dem Friedhof die Stadtautobahn. Ich folge ihr bis zur Fußgängerbrücke und schaue über den Rand. Nein, sie besitzt noch nicht die Qualität eines autofreien Sonntags, aber seit langem war sie nicht mehr so leer. Das lässt hoffen. Ich weiß nicht, was 1972 die Berliner machten, aber wir in Amsterdam, wir fuhren mit unseren Fahrrädern und Rollerblades auf der Autobahn und veranstalteten jeden Sonntag ein autofreies Fest.

Zuhause begrüßt mich Karl Gottfried von Leitner: »Es ist so still, so heimlich um mich/Die Sonn‹ ist unter, der Tag entwich/Wie schnell nun heran der Abend graut!/Mir ist es recht, sonst ist mir's zu laut«. Vertont von Franz Schubert und gesungen von Christian Gerhaher, ist das ein unwiderstehlicher Genuss (vgl. Abb. 7).

Abbildung 7: Am Berliner Krematorium

Mittwoch, der 25. März

An der chinesischen Botschaft

Was machen die Chinesen? Die Chinesen bereiten sich vor auf die baldige Rückkehr zur Normalität. NUR FÜR KURZE ZEIT, ruft ein farbiges Plakat an der Eingangstür des Tian Fu den Kunden zu. Darunter in kleiner Schrift, »Bis dahin 20 Prozent Rabatt auf Speisen außer Haus.« Tian Fu ist Berlins begehrtestes China-Restaurant, wo es auch mal Pfoten und Schnauzen gibt, die man zuhause so schnell nicht in die Pfanne werfen würde, und ein wichtiges Barometer. Das China-Restaurant weiter unten sieht es genauso und schiebt noch eine zeitliche Präzisierung hinterher: »In zwei Wochen wieder geöffnet«. Wirklich? Das lässt hoffen.

Die Zeichen mehren sich, und ich sah in den letzten Tagen etliche davon, dass die Chinesen Berlins in den Startlöchern sitzen. Und nicht nur sie. Neulich fand ich eine Nachricht in meiner Mailbox, dass der Seidenstraßenexpress wieder Richtung Europa fährt. Der erste fuhr bereits am 29. Februar in Hefei ab und traf nach nur elf Tagen Fahrt pünktlich in Helsinki an. Der nächste wird in ein paar Tagen erwartet. Die Finnen freuen sich. »The novel coronavirus has created a plethora of challenges in various transport forms and schedules«, gab das Transportunternehmen *China Service* zu Protokoll. Wenn man bedenkt, dass 90 Prozent der Waren bislang auf Schiffen unterwegs war, bietet die Neue Seidenstraße in der Tat ein riesiges Potential.

Was bedeutet das nun für Berlin? Ich fahre zum Märkischen Museum, um das Epizentrum der chinesischen Aktivitäten zu inspizieren. Eine bizarre Situation: Die Bürgerin Jonker fotografiert den Hochsicherheitstrakt, in dem die Botschaft der VR China sich eingemauert hat. Eine glatte Marmorwand, eine Krone aus Eisenspitzen, die sogar Möwen abschreckt, doppelte Metallverstrebungen und Kameras, die alle meine Bewegungen festhalten. Der Blick durch das Haupttor lehrt, dass zusätzlich zwei bronzene Löwen den Eingang bewachen. Da und dort stehen im Botschaftsgarten hölzerne Pandas herum. Kein Lüftchen rührt sich.

Was ich auch erwartet hatte, Schlangen mit Rückkehrern, Pförtner, ausgelegte Formulare und Broschüren, alles nicht da. Als ich den Komplex umrundet habe, stoße ich an der Rückseite auf das Konsulat. Ein rotes Auge starrt mich an, darunter eine Klingel und verschiedene Ankündigungen, wovon eine besagt, dass die Abteilung vorläufig nur mittwochs und freitags geöffnet ist. Nichts über Zeitbegrenzungen, leider. Kein Ton über zwei Wochen, vier Wochen, für immer – ich bin enttäuscht ob soviel Starre. Sie lässt sich so gar nicht mit den vielen kleinen Wellen reimen, die das chinesische Berlin jetzt schon schlägt. Vielleicht ist es auch so. Wie man hört, wurde der chinesischen Bevölkerung eine App aufs Handy gespielt, die automatisch auf Rot springt, wenn Corona-Träger infiziert sind, und Grün leuchtet, wenn von ihnen keine Gefahr ausgeht. So handelt ein jeder vom Handy gesteuert und doch gezwungenermaßen für sich. Sollte das zutreffen, dann war ich heute an der falschen Adresse (vgl. Abb. 8).

Abbildung 8: An der chinesischen Botschaft

Donnerstag, der 26. März

Am Flughafen Tegel

In den Zeitungen wurde in den letzten Tagen wiederholt von einem Exodus berichtet, von 300.000 Altenpflegerinnen zum Beispiel, die Deutschland Richtung Osteuropa verlassen haben, oder auch von den 100.000 deutschen Touristen, die bereits auf Kosten der Regierung nach Deutschland zurückgeholt worden sind. Ob es nun das Regime der nationalen Gesundheitssysteme oder die Sorge um die Liebsten war, die sie die Koffer packen ließ, überall auf der Welt kehren Bau- und Saisonarbeiter, Pflegepersonal, Touristen, Erasmus-Schüler und Studenten in ihre Heimat zurück. In Berlin landeten bereits die Ibiza-Urlauber, die Teneriffa-Langzeitgäste und die Taucher aus Ägypten. Übriggeblieben sind die Gestrandeten; solche, die den Anschluss verpasst haben und solche, die sich nicht vom Fleck rühren wollen. Wer landet in diesen Zeiten noch auf Tegel? Wer macht sich jetzt dorthin auf, um wohin zu fliegen? Um solche Fragen zu beantworten, reicht ein kurzer Blick.

»Die BVG hält Berlin mobil« steht auf allen Abfahrttafeln entlang des Kurfürstendamms und alle zwei Minuten hält dort auch ein Bus. Der 109 Richtung Flughafen Tegel fährt heute dennoch nur für mich. Bleibtreustraße – Olivaerplatz – Adenauerplatz: niemand steigt zu, niemand will mit mir fahren. Erst am Jakob-Kaiser-Platz warten vermummte Gestalten mit Gepäck. Pünktlich erreichen wir den Flughafen, steigen aus, rufen dem Fahrer einen Gruß zu, gehen in allen Richtungen davon. Der A-Bereich liegt im Dunkeln, rot-weißes Band versperrt den Zugang zum Terminal, bewaffnete Polizei patrouilliert.

Im C-Bereich ist noch Betrieb. Es ist 11.00 Uhr morgens. Aus Amsterdam landet gerade ein Flug. Um eins soll ein zweiter Richtung München starten und um fünf dann noch einer nach Doha. Andere Flüge gibt es heute offensichtlich nicht. Die Ankündigungstafel ist sich noch unsicher, ob es spät am Abend eine Maschine nach Kiew geben kann. Kiew-Reisende sitzen still an den Wänden, beschriftete Kisten und Taschen zu Füßen, und folgen mit den Augen den spärlichen Bewegungen im Raum.

An den Glastüren zum Kofferbereich stehen zwanzig Abholer mit Schildchen und Blumen. »Willkommen!«, steht daran geschrieben, amerikanische Papierflaggen sind darauf gesteckt. 11.10 Uhr erscheinen vier Rucksackträger, die eilig das Weite suchen. 11.20 Uhr wird ein Rollstuhlfahrer herausgeschoben und zu den Taxen gebracht. Warten. 11.40 Uhr geben die Türen endlich rund hundert übermüdete Passagiere frei. Am aufgetürmten Gepäck erspähe ich Klebestreifen, die von einer langen Reise erzählen. Mex-Amsterdam-TXL, Houston-Amsterdam-TXL, SFO-Amsterdam-TXL. Amsterdam war für diese Reisenden nur der Sammelort. Ein Mädchen fliegt den Eltern in die Armen. Tränen. »Sie ist wieder da!«, ruft die aufgelöste Mutter dem Bodenpersonal zu. Eine deutsch-afrikanische Familie schiebt sechzehn Koffer vor sich her. Ein Busunternehmen holt eine Gruppe Männer in zerknitterten Anzügen ab, um sie Richtung Grenze zu fahren. Die Verständigung auf Russisch geschieht in Flüstertönen. Niemand lacht, niemand strebt zu den Toiletten, nix wie weg hier.

Als ich wieder im Bus sitze – schwellende Knospen, blitzende Dächer, lauter eitler Sonnenschein – verspüre ich Beklommenheit in der Brust. Alle kehren zu ihren Liebsten und in den sicheren Hafen ihrer Heimatländer zurück. Aber was, wenn es dort nicht sicher ist? (Vgl. Abb. 9)

Abbildung 9: Am Flughafen Tegel

Freitag, der 27. März
Berliner Luft

Es liegt was in der Luft an diesem Morgen. Die Straße grünt so grün, sie könnte glatt da draußen sein, wo jetzt die Lerchen steigen. Jambenwetter. Mich zieht's heraus zur Ringbahn um Berlin. Sie führt zwar nicht nach Brandenburg, aber misst 37,5 Kilometer, hält an 27 Bahnhöfen und bietet Unterhaltung. An einem normalen Tag steigt eine halbe Million Menschen auf dieser Strecke ein. Mal sehen, was es mit der Berliner Luft dort auf sich hat.

Los geht's am Hohenzollerndamm, mit einer kurzen Unterbrechung am Messedamm, um den Busbahnhof zu inspizieren. Es grüßen die Werbungen von Flix- und Blablabus, doch an den Haltestellen ist null Verkehr und zu sehen gibt's hier heute nichts (vgl. Abb. 10.1-2).

Dann mal schnell zur Ringbahn zurück. Am Bahnhof Jungfernheide steigen die Reinigungskräfte ein und fegen einmal durch. Bahnhof Beusselstraße. Ein Mann telefoniert mit seiner Mutter und zeigt ihr die S-Bahn-Aussicht mit der Handykamera. »Hast‹ gesehen? Küsschen, bis nachher«. Reinigt anschließend das Glas mit einem Taschentuch. Westhafen. Ein Kind mit Helm und Fahrrad kommt herein, die Mutter sorgsam dahinter. Berlins Kinder. Wie man hört, geht es vielen in diesen Tagen hinter verschlossenen Türen nicht so gut, nicht wie diesem Kind, das nach draußen fahren darf. Gesundbrunnen. Eine junge Frau spricht energisch ins Handy, »Also, ich habe jetzt unterschrieben ... Na, das wissen wir ja durch die Steuerklasse, die wees ick ja«. Ich wünsche ihr schweigend alles Gute.

Die Bahn füllt sich, Frauen mit Kopftuch, Männer in Schlabberhosen, ein paar auffällig dünne Jungen, die sich leise auf Arabisch unterhalten. Hier geht Berlin seinen Gang und so manche gehen noch ihren Geschäften nach. Die Kaffeeläden auf den Bahnsteigen haben regen Betrieb. Mann ins Handy: »Wo bist Du? Nee, nee, bin gleich da«. Sagt's und steigt aus. Storkower Straße, Landsberger Allee. War hier nicht die Stasi-Zentrale? Vergangenheit, wo bist Du geblieben.

Am Bahnhof Frankfurter Allee herrscht Gedränge. Die Leute kommen paarweise rein, wie die Tiere in Noahs Arche. Ostkreuz, das Tor nach Osten: Frankfurt (O), Kostrzyn, Wroclaw. Auf Gleis 8, am polnischen Wurststand, hat jemand ein Schildchen mit »God bless you« aufgehängt. Ich steige wieder ein, treffe auf zwei Damen, die in ein angeregtes Gespräch verwickelt sind. Es handelt von einer Teilnehmerin im Spazierklub, die gesagt haben soll, spazieren, das ginge nun nicht mehr. »Wir haben telefoniert, wollen nach wie vor ... mit großem Abstand, ja ... sollen uns noch mal kurzschließen«. Am Bahnhof Neukölln verlassen die beiden den Zug. Zwischen Hermannstraße und Tempelhof schwingen zwei junge Männer zu den Rhythmen lautloser Musik, die Hände in den Hosentaschen. Zwei Fahrradfahrerinnen steigen zu, mit Seitentaschen und bloßen Armen, steigen am Südkreuz nach Zossen um.

Nach einer Stunde und fünfunddreißig Minuten bin ich wieder dort, wo es heute morgen begann und weiß jetzt, die Berliner Luft, auch wenn sie nur schwach duftet, sie riecht nach Feriengenuss. So sind die Berliner (vgl. Abb. 10.3).

Abbildung 10.1-2: Am Busbahnhof

Abbildung 10.3: Die Ringbahn. Streckenbelastungskarte der Reichsbahndirektion Berlin 1938

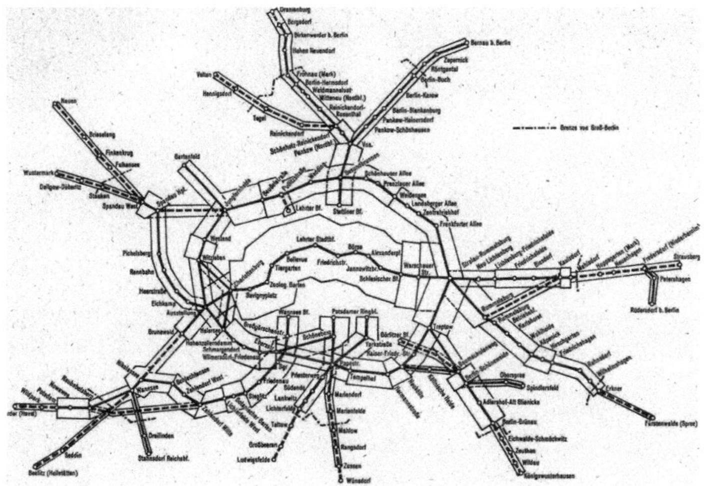

Montag, der 30. März
Horch-Proben

Es ist erst zwölf Tage her, als ich anfing, durch Berlin zu wandern und mir jeden Tag Notizen zu machen. Am 18. März traten die Verordnungen des Senats zum Corona-Stillstand in Kraft und bereiteten dem öffentlichen Leben ein Ende. Neben den meisten Läden machten Diskos und Opern, Kinos und Museen, Kirchen, Kneipen, Bars und Clubs die Türen zu. In den Moscheen wurde nicht mehr gebetet, in den Schulen nicht mehr gelernt, die Bibliotheken behielten ihre Bücher für sich. Damals tat man sich noch schwer damit, gab es doch nur 383 Infektionen in Berlin und landesweit erst 8.000. Jedoch sagte die Bundeskanzlerin abends im Fernsehen: »Ich brauche jetzt eine Vollbremsung«. Und so geschah es denn auch. Seitdem hält Berlin mehr oder weniger die Füße still und schaut den Zahlen beim Ansteigen zu. In zwölf Tagen vermehrten sie sich um die Ziffer sieben – anderorts um acht oder gar um zwölf. Ob Deutsche, Türken oder Griechen, Russen, Italiener oder Polen, Araber, Chinesen oder Amerikaner, die Stadt, das Land und der Erdkreis warten nunmehr auf die Welle, von der niemand weiß, wann genau und mit welcher Wucht sie trifft.

Die Mesopotamier kannten eine Form der Vorhersage, *Egirru* genannt, mit der sie versuchten, die Töne im öffentlichen Raum zu deuten. 2020 vor Beginn unserer Zeitrechnung galt eine solche atmosphärische Bestandaufnahme dem Schrei einer Eule, dem Fiepen der Ratten im Abfluss oder einem Donnerhall nach dem Blitz. Auch wenn sich 2020 nach Christus in Berlin noch immer solche Geräusche vernehmen lassen, so öffne ich heute die Ohren für das, was zufällig kommt.

Morgens um 9.00 Uhr auf der Uhlandstraße rappelt ein Müllwagen, zischen Autoreifen auf glattem Pflaster, rufen die Spatzen aus den Regenrinnen. Am Ludwigkirchplatz empfangen meine Ohren zwei menschliche Stimmen, das Ru-kuu einer Taube und Hundegebell. Auf der Lietzenburger Straße erklingt das Surren eines Motors am Rad des Briefträgers sowie das Kling-Klang des Gerüstbauers. Entlang der Wielandstraße Tauben. Die Tür eines Lastwagens schlägt zu. Richtung Kantstraße rattert die S-Bahn, dahinter das Rauschen des Verkehrs. Doch wenn ich die Augen wieder öffne, sind es nur vier Autos, ein Lastwagen und ein Bus. Hinter der Häuserfront klingen Klopfgeräusche, aus einem Fenster gellt eine Bodenschleifmaschine, von einer Baustelle steigt ein lautes Gerassel empor, das sich wie eine Zementmischer anhört. Der M49 brummt an der Haltestelle vor sich hin. Die Wilmersdorfer Straße tönt mit Einkaufswägelchen auf Kopfsteinpflaster. Ein Mann schleift mit den Füßen. Ein Schlüssel wird ins Schloss gesteckt. Ein Feuerzeug verweigert wiederholt den Dienst. Spatzen. Tauben. Unterdrücktes Husten. Aus weiter Ferne klingt die Sirene der Feuerwehr. Ich lausche noch meinen eigenen Füßen bis zur Bismarckstraße, dann habe ich ein ungefähres Bild (vgl. Abb. 11).

Was lässt sich nun aus dieser Horch-Probe schließen? Berlin ist im Ruhemodus. Seine Töne lassen sich einzeln heraushören. Gesprochen wird nur wenig. Die Vögel stören sich nicht daran. Die städtische Infrastruktur funktioniert soweit. Die Baubranche scheint eine Lücke für sich entdeckt zu haben. Würde eine Stadt den Atem einhalten können, dann hörte es sich vermutlich genauso an.

Abbildung 11: Skizze der Horch-Proben

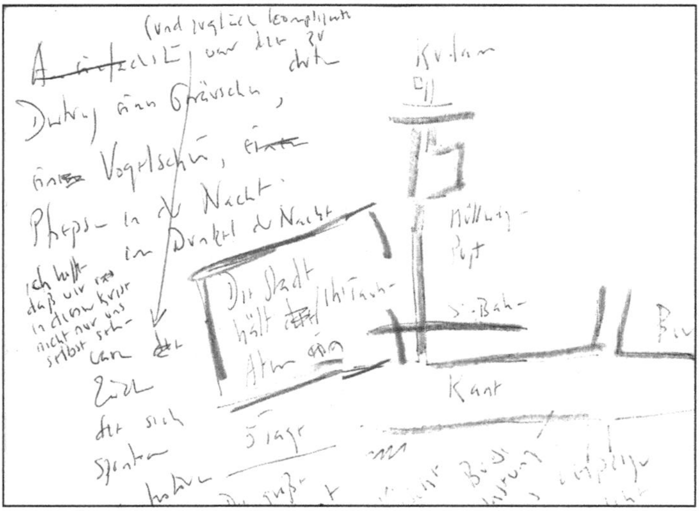

Dienstag, der 31. März

Kontaktflächen

Heute morgen eine große Wanderung, von Wilmersdorf nach Friedenau, dort Richtung Schöneberg, der Akazien-, Goltz- und Maaßenstraße entlang, über den Nollendorfplatz und die Einemstraße bis zum Kanal, links am Tiergartenufer und der Straße des 17. Juni entlang nach Charlottenburg, und über den Bahnhof Zoo wieder nachhause zurück. Die gute Nachricht: Es konnten nicht weniger als vier Bezirksgrenzen ohne Kontrollen überquert werden. Das geht also noch, die Frage ist nur für wie lang. Am Wochenende wurden Münchener Frischluftliebhaber an den Ausfallstraßen zur Umkehr bewogen. Die Hamburger Ausflügler erwartete im Umland kein freundlicher Empfang. Die Bewohner der Prignitz hatten schon in der letzten Woche gegen »ihre« Berliner gewettert. Grenzen spielen in unserem Alltag eine immer größere Rolle, wobei man nicht mal weiß, wo sich demnächst eine auftun wird.

Auf der ganzen Strecke, immerhin achteinhalb Kilometer, kamen mir allerlei Mundschutze entgegen, weiß, blau, geblümt, viel mehr als letzten Samstag noch. Auch wir bastelten am Wochenende aus Kaffeefiltern Einwegmasken. Ließen sie sich aus Wäschestoff kaufen, so würde ich das umgehend tun. Dr. Drosten sagt, das sei jetzt eine Geste der Höflichkeit. Dem stimme auch ich inzwischen zu.

Überall in der Stadt sind die Kontaktflächen zurückgefahren. Beim Sanitär-Geschäft wurde ein Plastikhandschuh über die Klinke gestülpt. Die Blumenfrau vollführt mit der Kundin einen pas-de-deux, der komplizierter nicht sein könnte. »Keep your distance«, ruft der

U-Bahn-Sprecher den Reisenden zu. Die S-Bahn lässt wissen: »Türen öffnen sich von alleine«. Das Nacheinander-Anfassen ist uns verdächtig geworden. Auch Münzen verloren ihre Attraktion. Geldscheine werden zwar noch immer gewechselt, aber nur mit spitzen Fingern angefasst.

Dennoch muss man am Geldautomaten die Oberfläche berühren, alles wie immer, sonst gibt's gar kein Geld. Dennoch fummeln Männer an ihren Handys, reiben sich Leute ins Gesicht. Man bückt sich, abwesend zwar, um den Hund zu kraulen, oder steckt sich Taschen und Tüten zu. Der kleine Grenzverkehr, der funktioniert demnach noch immer. Man ist dort Mensch, wo man sich vergisst. Mittendrin entblößt eine Frau die Beine und Schultern, sitzt in der Sonne und reibt sich mit Nivea ein. Auch das gibt es weiterhin, das kleine Genießen. Wir grüßen uns freundlich zu.

Die beste Nachricht: Das Grüßen ist jetzt zum Berliner Standard erhoben. »Guten Tag«, ruft mir ein Mann auf der Straße zu. »Bleiben Sie gesund«, sagen die Kunden jetzt beim Abschied. Man nickt sich zu und lässt den anderen vor. Berlin, diese knorrige alte Tante, die sonst Paroli mit Schnauze bietet, sie kann es also doch noch anders. Sollten wir dies aus der Krise mitnehmen können, so hätte die Stadt ein andres Gesicht.

Freitag, der 3. April
Raum und Zeit

Am Mittwoch, als ich draußen lief, da kamen mir auf einmal keine Geschichten mehr entgegen. Eine Sendepause war angesagt. Es gab dafür die herzlichsten Reaktionen, wofür an dieser Stelle Dank gesagt sei. Eine Leserin schrieb: »Kein Wunder. Es gibt sozusagen kein draußen mehr«. Das war das Stichwort. Ist das so? Da draußen geht die Sonne auf und pfeifen die Vögel von den Dächern. Da draußen vertritt man sich die Füße, steht beim Laden an und guckt anderen beim Abstandhalten zu. Es gibt ja immer noch viel zu bestaunen. Den Autofahrer zum Beispiel, der in Maske und Schal vermummt hinterm Steuer sitzt. Oder das Pärchen, das zu zweit einkaufen geht und sich lange nicht entscheiden kann, was es heute Abend auf den Tisch bringen wird. So lange es Leute gibt, gibt's Action! Wahr ist, die Bilder gleichen sich Tag für Tag mehr an. Was fehlt, sind die Rhythmen des Alltags. Es fehlt uns das Gefühl für Zeit. Stattdessen ein klebriges Spinngewebe, das jeden Tag zum faden Sonntag werden lässt. Wo ist Ariadnes Faden geblieben?

Wussten Sie, dass heute die Osterferien beginnen, am Sonntag schon Palmsonntag ist, am Mittwoch das Pesachfest, Freitag der Karfreitag und danach Ostern kommt? Am 19. April werden die Orthodoxen feiern und am 23., einem Donnerstag, beginnt auch schon der Ramadan. Die großen religiösen Feste, wie wird man sie begehen? Der religiöse Kalender war doch immer ein ehernes Gerüst. Kurzer Gang also zur Kirche und Synagoge, die Moschee nicht vergessen und auch die Russisch-Orthodoxe Kirche nicht. Liegen sie noch im Dornröschenschlaf oder wird dort schon an einem Faden gestrickt?

Russisch-Orthodoxe Kirche. Klingeln am Zaun. Der Pope kommt heraus. Was wird Ostern? »Bis dahin alle Nachtwachen abgesagt!« Wilmersdorfer Moschee. Klingeln am Zaun. Der Imam kommt heraus. Was wird Ramadan? »Das dauert noch. Das Fastenende sowieso. Vielleicht dürfen wir bis dahin wieder!« Kirche der Heiligen der Letzten Tage in der Wilmersdorfer Aue: niemand zu sehen, nichts zu hören. Gemeinde Zum Heiligen Kreuz in der Nassauischen Straße: niemand. Die große rote Sankt-Ludwig-Kirche am Ludwigkirchplatz: niemand. Vor der Synagoge in der Fasanenstraße zwei Polizisten. »Junge Frau! Da ist niemand!« Die religiösen Kalender von heute, einen Leitfaden bieten sie nicht.

Heute morgen machte Bruno Latour im Radio darauf aufmerksam, dass Mikroben eine unheimliche Fähigkeit besitzen, sich zu wandeln. Man solle sie jetzt nicht als Feinde betrachten, meinte er, sondern vielmehr von ihnen lernen. Die positive Nachricht: Auch »wir« sind wandlungsfähig, obschon anders als Mikroben. Latours »wir«, das sind die Institutionen von Politik und Wissenschaft, Kultur und Religion, die Gesellschaft eben. Das Problem, das sich ihr stellt, das Virus und die Folgen, ist kein individuelles Problem. Ihre Lösung gelingt nur im Kollektiv. Sagt Latour.

Wenn einen das Virus befällt, so wird es dem Befallenen dennoch schwierig sein, sich als Teil eines Kollektivs zu betrachten. Aber möglich ist es trotzdem. Denken wir nur an Gregor Samsa, der sich beim Aufwachen plötzlich in einen Käfer verwandelt sah. Dem armen Gregor widerfuhr dabei ein akutes Problem, das er nicht alleine lösen konnte. Ihn juckte es bis zur Wahnsinn. Wenn er nach unten schielte, sah er auch den Ausschlag, der ihm das Jucken bescherte, aber sich kratzen, das konnte er nicht. Nicht mit solchen kleinen Käfer-Beinchen.

Kafka wollte mit dieser Parabel die Hilflosigkeit des Einzelnen angesichts des geschwollenen Beamtenapparats der K&K-Monarchie zum Ausdruck bringen, aber in Zeiten des Corona-Stillstands lässt sie sich auch noch anders lesen. Zum Beispiel, dass niemand die eingetretene Situation für sich alleine auflösen kann, dass wir jetzt aufeinander angewiesen sind, dass die Gesellschaft, mit ihren vielen Armen und Beinen, die Krallen tatsächlich jetzt wetzen kann.

Literaturhinweis

Kafka, Franz. *Die Verwandlung* (1916). Anaconda Verlag, 2005.

Montag, der 6. April
Aufatmen

Die Berliner Luft erholt sich. Heute morgen um 9.00 Uhr vergab der Berliner Luftqualitätsindex die Note 2 (»gut«) an Schöneberg und Charlottenburg. Stark befahrene Straßen, darunter die Leipziger und die Karl-Marx, bekamen immerhin die Note 3 (»befriedigend«). Für die Note 1 (»sehr gut«) muss man Berlin noch verlassen. Aber auch so liegen die Werte im grünen Bereich.

Die Luft erholt sich und mit ihr die Berliner, auch wenn deren Erholung sich langsam vollzieht. Was die Politik nicht geschafft hat, das erledigt sich nun von alleine. Die SUVs bleiben in den Garagen, die Flieger fliegen nicht. An der Württembergischen hängen dafür die Betten aus den Fenstern. Vielleicht wegen der vielen Stunden, die man jetzt darin verbringt? Passanten gehen zu zweit dahin, zwei Fahrradfahrer, zwei Jogger, zwei Stöcke-Schwinger, zwei kleine Jungs mit einer Spielkonsole, eine Frau mit ihrem Hund. Es laufen die Jogger mitten auf dem Fahrdamm. Wann sonst hat man das gesehen in Berlin? Wirtschaftliche Sorgen mögen sie alle haben, aber saubere Luft gibt es jetzt gratis und in Mengen dazu.

Aufatmen, wo tut man das in Berlin am besten? Am Nachmittag geht es Richtung Tempelhofer Feld. Ich laufe die Route nicht so gerne, wartet doch hinter den S-Bahn-Brücken, welche Schöneberg und Tempelhof voneinander trennen, ein Gelände, das die Nazi-Zeit herb in Erinnerung ruft. Hier, in der Feurig-, Pape- und Kolonnenstraße wurden 1933 die ersten »wilden« KZs errichtet. Man braucht nur bei Kurt Hiller nachzuschlagen, um zu wissen, was dann geschah. Auch das ist Berlin, yours truly, und bleibt uns wohl noch erhalten. Am Ende der Straße blinkt der Flughafen, am Gebäude noch immer der Nazi-Adler-Pomp.

Dahinter auf dem Rollfeld eine steife Brise. Es segeln die Möwen, einige Drachen segeln mit. Auf der Rollbahn in der Mitte rasen Skater und Surfer dahin. Fahrräder vom Columbiadamm kommend überqueren die Bahn in Richtung Alt-Tempelhof. Läufer gehen in Trauben, ein Peloton Rennfahrer holt stetig auf. Ein Kind mit einem Roller hat dazwischen nichts verloren. Seit die Kreuzberger sich das Feld einverleibten, ist das hier eher ein Hochrisiko-Geschäft.

Vor dem muslimischen Shehitlik-Friedhof am Columbiadamm steht eine dunkle Traube Menschen. Der Pförtner lässt nur Männer rein und die auch nur zu zehnt. An der Moscheemauer ein Sarg, davor die Männer in einer Reihe, sie sprechen das *Djenaza*, das Totengebet, und machen sogleich Platz für die nächste Schicht. »Keine Seele kennt den Ort, an dem sie stirbt«, weiß ein Sprichwort. Seit nunmehr 222 Jahren werden in Berlin verstorbene Muslime auf den Shehitlik-Friedhof verbracht. Lange Zeit gehörten Totengebet und Totenklage an diesem Ort zusammen. Für persönliche Trauer ist heute jedoch kein Platz. Draußen bei den Mülleimern warten die Frauen. Hier ist die Luftqualität egal, dafür erfüllt ihr Schluchzen die Luft.

Zum Schluss noch beim Kioskbesitzer gegenüber, der über die Theke motzt: »Bei den Franzosen sind es Wein und Kondome, bei uns nur Bier und Klopapier. Was sagt uns das über die Deutschen?« Welche Deutschen meint der Mann denn? Ehrlich. Ich gebe ihm die Antwort nicht.

Literaturhinweise

Hiller, Kurt. *Leben gegen die Zeit. Erinnerungen.* Hamburg: Rowohlt Verlag, 1969.

Höpp, Gerhard und Gerdien Jonker (Hg.). *In fremder Erde. Zur Geschichte und Gegenwart der islamischen Bestattung in Deutschland.* Berlin: Verlag Das Arabische Buch, 1996.

Dienstag, der 7. April

Verschwunden

Heute ging ich ziellos durch die Straßen, doch waren es alte Fährten, wie ich irgendwann sah. Das Augenmerk lag nicht auf dem fremdartigen Neuen, sondern auf den Leerstellen, sie prägten sich ein.

Fort sind die Roma-Bettler, die Frau mit dem wettergegerbten Gesicht, die jungen Männer vor den Bio-Supermärkten, immer mit einem höflichen Gruß. Wo sind sie geblieben? In ihrem Zimmer zu zehnt irgendwo in Neukölln? Oder gar daheim in den tschechischen Dörfern, umzingelt vom Militär, das nunmehr Roma auf feindliche Viren durchkämmt?

Aus der Motzstraße verschwunden sind auch die Lederjungen, keck in schwarz mit einer Tätowierung am Hals. Die Bars und Clubs sind bekanntlich geschlossen. Was machen die noch mit dem Abstandsgebot? »Ruhig bleiben und Dildos benutzen«, springt es mir von Plakaten entgegen. Wirklich? Wenn das mal keine Täuschung ist (vgl. Abb. 12).

In der Genthiner Straße fehlen die Mädchen aus Neukölln, knapp dem engen arabischen Milieu entronnen und nun dazu verdonnert, den Freiern in ihren Autos zu Willen zu sein. Ich kannte mal die Frau eines Pfarrers, auch sie eine Neuköllner Schiitin, die hier im fernen Schöneberg ein neues Leben begann. Wie rührend sie sich um die Mädchen kümmerte: brachte ihnen Hygiene bei, verschaffte ihnen ein Dach überm Kopf und eine Ahnung von ihren Rechten. Fort sind sie alle, doch hoffentlich nicht wieder daheim. Auch die Autos der Freier sind verschwunden. Die sitzen vielleicht jetzt bei der Mutter und motzen nach Herzenslust an ihr herum.

Vorbei am Bendlerblock und der Kaserne, wo immer alles noch beim Alten ist. Weiter hinten am grünenden Saum des Tiergartens wartet das Phantom der Villa der Effingers; Zeichen einer glücklicheren Zeit, doch damit war schon vor Kriegsanfang Schluss. Stattdessen rechts in die Sigismundstraße. Zwischen Neuer Nationalgalerie und Sankt Matthäuskirche liegt verlassen die Staatsbibliothek zu Berlin. Es warten dort noch meine Bücher. Wie lange das wohl dauern wird? Mir kommt unversehens ein Bild vor Augen, wie man in zehn oder zwanzig Jahren, vielleicht in einer Generation, durch die schmutzverkrusteten Glastür brechen und in der Spinnfäden-behangenen Halle stehen wird.

Am Potsdamer Platz der übliche Plunder, ein Stück der Mauer hinter Glas, der Frühstückssaal in Gold und Beige, wo die Garbo und Chaplin sich begegnet sind. Vergangene Vergangenheit, wer will das noch wissen? Auch die letzten Touristen sind jetzt heim. Richtung Brandenburger Tor liegen Rent-a-bikes und Roller auf dem Gehsteig. Mir fehlen die Italienerinnen, wie sie wehenden Haares auf den Rollern stehen, wie sie gemeingefährlich zwischen Autos und Lastern kurven, doch das Gespräch zur Nachbarin, das reißt ihnen nie ab. Wären sie doch hier, statt in den abgeriegelten italienischen Städten, wo der Tod jetzt Hausherr spielt.

Das Brandenburger Tor selbst bietet einen unverstellten Blick nach Osten und nach Westen, keine Podien, keine Party-Meile, keine Demonstration. Es grünt so grün, die Sonne scheint über allem. Wie verfahren unsere Lage geworden ist.

Abbildung 12: Aufruf zur Ruhe

Literaturhinweis

Tergit, Gabriele. *Effingers* (1951). Frankfurt a. M.: Schöffling & Co., 2019.

Mittwoch, der 8. April
Gedenken

Wer vom Hauptbahnhof über die Fußgängerbrücke Richtung Reichstag geht, steht nach einem kurzen Gang im symbolischen Zentrum dieses Landes. Früher stromerten hier Tagesausflügler, Touristen und Demonstranten aller Art und lichteten sich unablässig ab. Doch die Verhältnisse, sie sind nicht so, jedenfalls im Augenblick nicht. Stimmen mehren sich, die offenmutig sagen, eine Rückkehr dahin gäbe es auch nicht mehr. Heute morgen ging ich den Weg jedenfalls alleine. Mein Ziel gilt dem Terrain am Brandenburger Tor, wo die Erinnerungsorte der Bundesrepublik ausgebreitet liegen. Wie sprechen sie zu uns, wenn Öffentlichkeit fehlt? Sprechen sie überhaupt? Eine vorsichtige Erkundung.

Als erstes, dem Reichstag unmittelbar benachbart, stößt die Suchende auf das Bärlauch-Wäldchen, in dem der stille Spiegel der Sinti und Roma liegt. Ein zurückhaltenderer Ort wäre kaum denkbar. Wer ihn betritt, wird von langen Tönen begrüßt. Die Luft spiegelt sich im Wasserrund. Die Bäume wiegen im Wind. In den Steinplatten ringsum die Namen der Stätten, wo weit weg das Töten geschah: Libau, Stutthof, Königsberg, Treblinka, fünfundfünfzig in der Zahl.

An diesem Ort liegt das Gedenken nah beieinander, auch wenn das eine das andere nicht kennt. Am Saum des Wäldchens stehen die Kreuze der Mauertoten. Zwölf Männer und eine Frau, die wollten die Spree am Reichstag überqueren, wurden gejagt und erschossen, der letzte am 5.2.1989. Blumen und Schleifen zeugen davon, dass dies so lange her noch nicht ist.

Am Tor vorbei, es sind nur 300 Meter, folgen sodann die Stelen, die den Mord an den Juden ins Gedächtnis rufen. Ich gehe langsam durch die Sträßchen, das holperige Pflaster auf und ab. Ein Friedhof ohne Toten, ein Bäumchen, das gerade sprießt, weit weg ein Baugeräusch, da ist man frei zu denken, was gerade kommt.

Es kommen die Sätze Heinrich Heines, »Die alten bösen Lieder/ Die Träume schlimm und arg/Die lässt uns jetzt begraben/holt einen großen Sarg«. Gleich auf der anderen Seite der Straße steht Goethe in strahlendem Weiß. Seine Generation erholte sich gerade vom Bösen eines anderen Krieges. Von den Vernichtungskriegen des zwanzigsten Jahrhunderts war er noch meilenweit entfernt. Von dem globalen Schreckensszenarien, die allmählich zu uns drängen, was konnte er davon schon ahnen? Jede Generation hat ihr eigenes Schicksal.

An der Tiergartenstraße, nur ein Katzensprung von Goethe entfernt, treffe ich vor der italienischen Botschaft auf das neue Gedenken, noch keinen Monat alt. Aus ihm spricht der Wille, die Mordlust der Väter nicht, unter keinen Umständen, nicht mal in Gedanken zu wiederholen. Dort, auf dem Bordstein, liegen Blumen, ein gemaltes Herz und ein offener Brief. »Liebe Italiener! Uns ist egal, ob italienische oder deutsche Opas und Omas in unseren Krankenhäusern liegen, Hauptsache, ihnen wird geholfen. Ihr seid unsere Freunde!« Gezeichnet: Alice u. Benedikt. Berliner wie Sie und ich (vgl. Abb. 13).

Abbildung 13.1-2: Zwei Gedenkorte

Literaturhinweis

Heine, Heinrich. *Buch der Lieder* (1837). In: *Sämtliche Werke in vier Bänden.* Band 1, Gedichte. München: Artemis & Winkler Verlag, 1992.

Donnerstag, der 9. April
Am Boxhagener Platz

Morgens herrscht am Boxhagener Platz Katerstimmung, der erste Kaffee in der Sonne, das erste Bier dazu. Der Pavillon Karuna hat die Essenausgabe für Bedürftige schon geöffnet. Zweiundzwanzig Tage nach dem Lockdown sind auch hier die Regeln der neuen Etikette angekommen. Zwei Wassercontainer, ein Eimer und Flüssigseife laden zum Händewaschen ein. Beim Anstellen gilt es, Abstand zu bewahren. Das Essen wird mit Plastikhandschuhen in Plastiktüten ausgereicht.

Kaffee. Suppe. Sandwich. Die Gardämpfer dampfen. In der gut gefüllten Tüte Dinge wie Wasser und ein Taschentuch. Ein Punk mit geschorenem Kopf und Silberringen um den Mund blinzelt in die Sonne, nimmt vorsichtig die Tüte und schlürft zu seinem Platz. Eine Frau ohne Zähne, in eine dicke Jacke gehüllt, huscht nach vorne, holt sich den Kaffee, wird von einer Gruppe jüngerer Männer lauthals angemacht. Sie wehrt ab, huscht wieder davon. Laut sind sie, die Männer, Platzhirsche, ein großer Muskeltyp ihr Anführer. Vor solchen nimmt man sich besser in Acht. Ein sauber angezogener Mann mit fettigem Haar, die Brille mit Tesa verklebt, holt sich zwei Tüten, nimmt noch einen Kaffee dazu, geht seitlings davon. Ihm folgt eine kleine stille Frau mit weißen Haaren und Falten im Gesicht.

Auf den Parkbänken sitzen viele Menschen, jede Bank ein kleines Biotop. Jungen in ihre Kapuzen eingehüllt, eine Clique, die sich auf Bulgarisch verständigt, zwei Frauen mit Taschen voller Müll. In der Grasmitte noch ein paar Schläfer. Ein großer schwarzer Mann liegt zwischen den Gänseblümchen und starrt in die Luft. Dazwischen

Hunde jeden Alters, schwarze, gelbe, gefleckte. Ein Dachshund beschnüffelt eine Brotkante. So eine fette Beute ist das nicht. Am Parkausgang sitzen drei Männer in Handwerkerhosen beim Bier. Könnten Arbeiter sein, oder auch nicht. Die Grenzen sind fließend und verwischen sich. Ob in Arbeit oder arbeitslos, ob Wohnung oder nicht, die meisten hier sind auf die Essenshilfe angewiesen.

Ringsum die Kiezläden, Getränke und Tabakwaren, ein Hotel, ein Späti-Verkauf. »Vorm Späti am Boxi sitzen die Kiezbewohner bis in die Puppen beim Bier«, so hat mir das neulich jemand erzählt. Sicherlich schreien die Männer am Pavillon im Takt dazu. Und davon gibt es noch viele. Auf dem Weg zum Schlesisches Tor humpeln mir zwei Männer auf Krücken entgegen, schüttelt ein Rollstuhlfahrer Münzen in eine Tüte, liegt ein junger Mann mit Schnauzbart auf dem Gehsteig, sitzt ein alter Herr mit Wollmütze hinter seinem Pappbecher. Das sind sie also, die Leute vom Boxi, die Schwachen, die vom Virus als erste bedroht sind.

Erst an der U-Bahn erblicke ich drei verschleierte Frauen, die Richtung Kreuzberg gehen, Plastikhandschuhe an den Händen, einen Einkaufswagen hinter sich. Als eine sich umdreht, denke ich, was sie da trägt, ist das nun Mundschutz oder ein Geschichtsschleier? Die Grenzen hier, sie sind fließend und verwischen sich (vgl. Abb. 14).

Abbildung 14.1-2: Der Boxhagener Platz

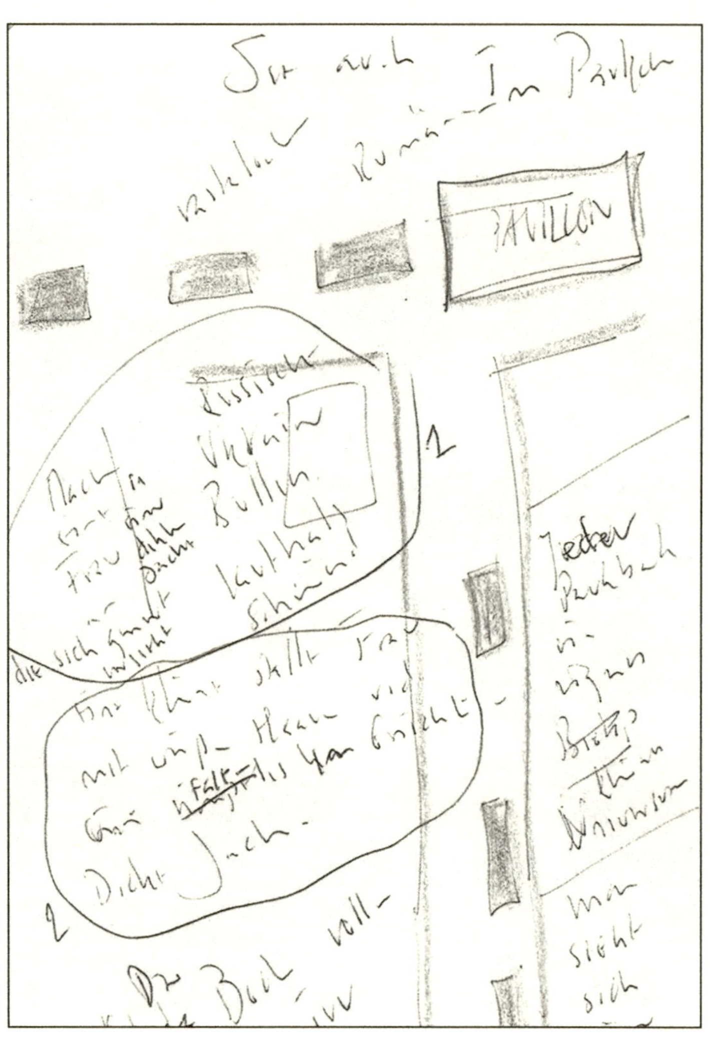
PAVILLON

Samstag, der 11. April
Blanke Nerven

Am Samstag vor Ostern – Frühlingssonne mit einem frischen Unterton, bestes Wetter zum geduldigen Anstehen – mache ich eine Einkaufsrunde durchs Viertel und merke, die Nerven liegen schon etwas blank.

Szene Eins – *Die Auswahl.* Beim Gemüsehändler windet sich die Schlange um den Marktstand herum. Vorne verstauen sechs helfende Hände die Ware schnell in Tüten, wechseln Geld, winken den nächsten heran. Mitten in der Warteschlange läuft ein Mann mit Kopfhörern von seinem Platz zurück nach hinten, kneift mit den Fingern in junge Salatköpfe, hebt eine Zucchini hoch und lässt sie wieder fallen, streckt bereits die Hände nach den Pilzen aus. Frau: »Wenn Sie jetzt auch noch anfangen, die Pilze zu befummeln, fange ich an zu schreien«. Mann: (weist auf den Kopfhörern) »Ich höre nichts!«.

Szene zwei – *Die Einkaufstasche.* Vor dem Käse-Marktstand zwei angekreidete Stehplätze. Die Kundschaft bildet eine Schlange quer über den Markt. Warten. Zuschauen, wie die da vorne vorankommen. Ehepaar, hat bereits abgerechnet, umständlich, verstaut noch am Stand stehend die Päckchen von der einen in die andere Tasche. Ein Seufzen geht durch die Reihen.

Szene Drei – *Das Schwätzchen.* Als sie bereits abgerechnet und den Einkauf in ihrem Wagen verstaut hat, richtet die kleine Dame – schönes Mäntelchen, Lackschuhe – sich ein, noch ein Schwätzchen zu halten. Lange Gewohnheit: Man kennt und schätzt sich halt. »Die Eltern in der Türkei?« Besitzer: »Ja, alles gut«. »Gehen Sie morgen auch in den

Garten?« Er lächelt verlegen. Die Tochter, die samstags immer aushilft, richtet den Blick über die Kundin hinweg, macht eine entschuldigende Grimasse, ruft der nächsten Kundin ein »Sie wünschen bitte?« zu. Da erst schaut die Dame hinter sich und erschrickt.

Szene vier – *Vor dem Bio-Markt.* An der Kasse, gut sichtbar für die vorne in der Schlange, geht eine Frau mittleren Alters die Rechnung noch mal durch, macht die Tüten wieder auf, fragt »Wieviel haben Sie für die Tomaten genommen?« Tut dasselbe mit der Ananas und den Avocados. Der Kassierer, gründlich eingewiesen, immer höflich zu bleiben, richtet sich halb von seinem Platz auf, lugt um den Plexiglasschutz herum, um besser lesen zu können, sucht wieder in seiner Liste. Der Mann, der vor mir steht und alles bestens beobachten kann, schlägt sich mit der flachen Hand gegen die Stirn.

Szene fünf – *Zwei Nachbarn entdecken sich in der Schlange.* A: »Hallo, wie geht es in der Praxis? Hatten Sie genug zu tun?« B: »Kann man wohl sagen. Wir hatten Ansturm. Die Leute kommen beim geringsten Husten, aber auch mit Corona-Verdacht«. A: »Haben Sie denn Schutzkleidung bekommen?« B: »Nicht das ich wüsste. In den ersten Wochen war es ein Va-banque-Spiel. Ich habe ja keine Eineinhalb-Meter-Arme, muss den Leuten auf die Pelle rücken. Gottseidank noch nichts passiert. Jetzt habe ich von einem Kammerjäger eine halbwegs ordentliche Schutzmaske übernommen. Das fühlt sich etwas sicherer an.«

Sonntag, der 12. April
Der langweiligste Ort Berlins

Heute ist Ostern, die Glocken haben geläutet, auf der Straße hört man nun das Schlagen von Autotüren, Kinderstimmen, Hundegebell. Es geht auf zwölf zu, Berlin fährt gleich ins Grüne. Im Radio hörte ich eben, dass Deutschland heute Ostereier sucht. Gemeldet wurde ebenfalls, dass in New York die Sirenen pausenlos gellen und man um 10.23 Uhr 181.000 Infizierte sowie 8.600 Tote zählte. Dagegen bewegt sich Berlin mit seinen 4.567 Infizierten und 50 Toten eher am unteren Rand. Das sind noch immer 50 zu viel, aber der Unterschied prägt sich ein.

Wo gehen die Berliner an diesem schönen Sonntag hin? Die Stadtgrenze ist verschlossen, da bleiben einem noch der Grunewald und die Wasserkante. Ich versuche es mit der Wasserkante. Raus nach Nikolaussee, kurzer Spaziergang Richtung Wannsee. Von links kommen sogleich dichte Rauchschwaden, da sind die Schrebergärten. Von rechts erklingt ein Höllenlärm, da steht der Berliner Motorklub aufgestellt. Als ich um die Ecke schaue, sehe ich hunderte glänzende Maschinen dicht an dicht am Straßenrand geparkt. Dahinter vierschrötige Männer und Frauen mit Kaffeebechern vor der Brust. Wie in einem Schwarm Gänse kurz vorm Auffliegen braust ab und zu schon mal eine Maschine davon, landet wieder in dem Gänseschwarm, eckt beim Nachbarn an. Platz da!

Der Weg zum Wannsee ist kurz, dafür aber dicht befahren. Hier bewegt sich alles – Autos, Fahrräder, Fußgänger – in Trauben, zu zweit ist heute offensichtlich nicht ihr Ding. Das Strandbad Wannsee ist ein Berliner Sehnsuchtsort und schon oft aus Ruinen auferstanden.

Heute aber bleiben die Tore zu. So manche nervt das. Autos lassen auf dem Parkplatz den Kies aufspritzen, machen quietschend die Biege, verschwinden wieder im Wald. Am Zaun entlang dribbeln Leute, schauen durch das Gitter, rütteln vergeblich am Tor. Ein Stück weiter taucht Schwanenwerder wie eine Fata Morgana aus dem Wald auf. Da ist schon die Brücke, das Wasser links und rechts, blau unter einem blauen Himmel, Schwäne, schaukelnde Boote, soweit das Auge reicht. Tatsächlich liegen die Segelboote noch immer winterlich hintereinander vertäut. Die Planen blitzen weiß im Frühlingslicht. Motoren röhren auf der Straße. Spaziergänger klettern da und dort die Düne hoch. Ein Rennfahrer hat das Radio laut gestellt. Sonst ist nicht.

Ich verlasse Insel, Wald und Motorklub mit einem Gefühl der Verwirrung, als ob da etwas nicht stimmt, obwohl doch alles wie immer war. Wie wirklich ist die Wirklichkeit? Wieder in der Stadt, steht die Feuerwehr in der Straße, ein großer roter Kasten mit rotierenden blauen Lichtern. Daneben ein Hoftor mit weit geöffneten Türflügeln. Oben hängen die Nachbarn aus den Fenstern und warten. Ich warte ein Weilchen mit. Tritt nun ein, wovor wir alle Angst haben? Ist das hier die Wirklichkeit? Nach kurzer Zeit schon tritt nur ein Feuerwehrmann mit Gürtel, Helm und Axt nach draußen, schaut zu den Fenstern hoch, ruft »Ist halb so schlimm!« und steigt sogleich ins Auto. Ihm folgen zwei Damen, die eine gestützt vom zweiten Einsatzmann, die andere mit einer Tasche an ihrer Seite. Als auch sie sicher eingestiegen sind, fährt der Wagen lautlos davon.

Montag, der 13. April

Stadtmusik

Gestern warnte die Kommissionspräsidentin die Europäer davor, jetzt bereits ihre Sommerferien zu buchen. Ab sofort dürfen die Moskauer nicht mehr als hundert Meter vor die Tür. In Berlin ist heute kaum jemand draußen. Ein zweiter Feiertag und Regen in der Nacht, da rührt die Stadt sich lange nicht vom Fleck. Halt, stimmt nicht! Gerade jetzt ist sie voller Geräusche. Es wehen Töne und Rhythmen durch die Straßen. Woher kommt die Musik?

Beharrlich zirpen die Meisen, von links nach rechts, von rechts nach links, und füllen damit die Straße. Den Grundton geben sie so vor, auch wenn der Takt noch schwer erkennbar ist. Der jähe Flügelschlag von zwei Tauben, wusch-wusch, fügt sich quer darin ein. Der Wind fährt in die Bäume. Schwuusch-schwuusch geben die Äste dazu. Das ist der Anfang eines rhythmischen Ensembles, das von nun an stetig wächst. Ti-ri-tì, ti-ri-tì rufen die Amseln und dazwischen auch ein tì-titi, tì-titi, tì. Ihnen gehört der klare Daktylus, der sich mit den Jamben der Jogger im Park ganz prima verbinden lässt. Viele Joggerfüße klopfen den Jambus in die feuchte Erde und bilden so ein Basso Continuo aus pòm-pom, pòm-pom, pòm-pom, pòm. Nun fallen von links die Tauben ein, tu-túu-tu-tu, tu-túu-tu-tu, immer im Takt, es geht auch ohne Dirigenten. Fffgg, fffgg machen die Räder eines Fahrrads wie Zimbeln unter einem dicken Tuch. An der Kreuzung dazu noch das Swuschsch der Autos auf dem nassen Pflaster. Endlich klingen darüber die Glocken der Stadt. Nun ist ein ganzes Orchester am Musizieren, Streicher, Kupfer, Holz, und auch der große Bass. Das ist Berliner Stadtmusik im Zeichen des Corona-Virus. Wenn die Vollbremsung für etwas gut sein soll, dann wohl, dass diese Musik sich endlich Gehör verschafft.

Daktylus, Jambus und Trochäus, die Rhythmen fügen sich ihrem jeweiligen Muster. Sie teilen sich auch den Beinen mit. Aber versuche einmal, allen zugleich zu gehorchen. Es verheddern sich die Sätze, es straucheln die Füße, man stolpert sogleich über einen Stein. Die Stadtspaziergängerin, sie kann sich nur für einzelne Rhythmen entscheiden, klammert sich an »Was treibt mich jeden Mo-orgen/So tief in's Holz hinein? Was frommt mir mich zu be-ergen/Im unbelau-auschten Hain?«, und gerät darüber wieder in den Takt. Wenn hier also der Ursprung des deutschen Liedguts liegt, so wissen wir jetzt Bescheid. Dann gilt ab jetzt nur noch, »Ihr Blümlein alle/Heraus, heraus!/Der Mai ist kommen/Der Winter ist aus« (vgl. Abb. 15).

Abbildung 15: Stadtmusik

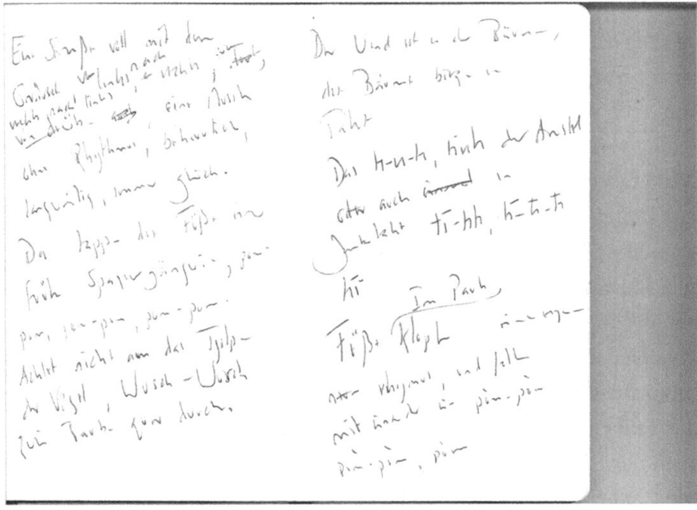

Dienstag, der 14. April
Berlin-Lichtenberg

»Lichtenberg. Ort der Vielfalt«, verkündet die Plakette am Eingang des Lichterberger Bezirksamtes. Ein schmuckes Rathaus ist es, umringt von schmucken Bürgerhäusern. Ein Bäcker, ein Kosmetikgeschäft, eine wilhelminische Bürgerschule wie eine Trutzburg, nirgendwo Graffiti, lediglich ein paar Senioren sind zu sehen. Die Grünanlage ist ein aufgelassener Friedhof. Die Steine liegen auf dem Rücken, überwuchert von Grün. Alfred Otte, Jutta Strache, Sophie und Wilhelm Hilliger, Ruhestätte Familie Thomalla, die meisten wurden noch in den 1950er Jahren bestattet. Dann wurde die geweihte Erde zum Durchgangsort und zur Bedürfnisanstalt. Hier hat der Zahn der Zeit schon sehr gewütet.

Hinter dem Friedhof thront das Gelände des Ministeriums für Staatssicherheit in all seiner Hässlichkeit. Ein Gebäudeplan am Tor weist auf die Funktionen hin, darunter Spionageabwehr, Bewaffnung, Zentraler Operativstab, Staatsapparat, Zentralregistratur und Aktenverwaltung. 91.000 Mitarbeiter gingen hier hauptberuflich der Spitzelarbeit nach. Ringsum stehen die Hochhäuser der 1980er Jahre: neue Wohnungen für die, die es sich verdient hatten. Auch entlang der sich nordwärts erstreckenden Ruschestraße stehen schmucke Appartementhäuser, allesamt renoviert. Die Stasi wohnte gut. Vor dreißig Jahren wurden hier über Nacht 91.000 Menschen arbeitslos. Sind das nun die Senioren, die im Netto-Supermarkt an den Kassen drängeln, als ob morgen der dritte Weltkrieg ausbrechen wird? (Vgl. Abb. 16.1)

Dort wo der Stadtplan 1930 noch Felder und ein Rittergut verzeichnete, fängt die Vulkanstraße an. Stillgelegte Fabriken, verbarrikadierte Hangars, nur wenige Leute unterwegs. Wer Vielfalt sucht, scheint hier am falschen Ort. Auch an der Herzbergstraße stehen verlassene Portiershäuser herum. Nur ein paar Autowerkstätten haben noch geöffnet. Trostlos. Doch befindet sich hier das Dong-Xuan-Center, bis vor kurzem das klopfende Herz des Asienhandels in Berlin. Lebensmittel, Restaurants, Textilien, Schuhe, Plastikblumen, Handyreparatur, Antiquitäten, Services, Solartechnik, alles was der asiatische Kontinent zu bieten hat und was in Berlin gerne abgenommen wird. Doch dieses Herz, es klopft nicht mehr. Im Februar, noch bevor die Zwangspause offiziell wurde, meldeten die Zeitungen bereits, dass Berliner Händler wegen »Angst vor Ansteckung« das Dong-Xuan-Center mieden. Ihre Angst beruhte auf Bauchgefühl nach dem Trump-Muster: Virus = China-Virus = Chinesen-sind-gefährlich. Die Angst war ansteckend. Dann war der Handel futsch.

Der verordnete Stillstand gibt Anlass, die Soziologie der Grenzziehung zu beleben. Seit sie begann, ekeln Landbewohner Städter aus ihren Landstrichen, bewerfen im französisch-deutschen Grenzgebiet Deutsche ihre Nachbarn mit Eiern, treibt die chinesische Regierung afrikanische Langzeit-Residenten zusammen. Das Virus befindet sich damit nicht im Rachen, es wird sozialen Gruppen zugeschrieben. Es sind die »Fremden«, die gefährlich sind. In Berlin-Lichtenberg hat es die fragile Vielfalt, die sich inmitten einer deutschen Ödnis an der Herzbergstraße zu festigen begann, fürs Erste plattgemacht (vgl. Abb. 16.2).

Abbildung 16.1: Skizze von Berlin-Lichtenberg

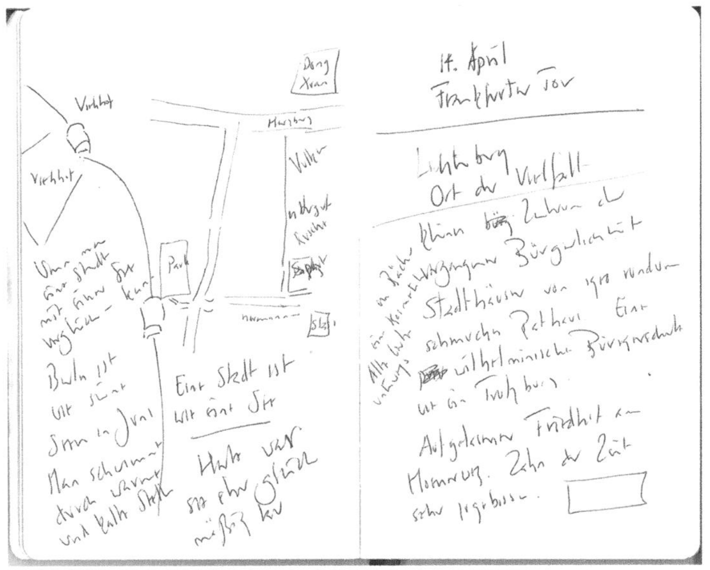

Abbildung 16.2: Das Dong-Xuan-Center

Donnerstag, der 16. April
Zachor

Heute sagen die jüdischen Gemeinden *Jizchor*, das Totengebet am Ende des Pesach-Festes. Zu gleicher Zeit beginnt für ganz Berlin das große *Zachor*: Erinnere Dich! Heute vor fünfundsiebzig Jahren nämlich begann die Schlacht um Berlin, in der sich Frauen, Kinder und alte Männer den russischen Soldaten entgegenwarfen. Das war das letzte deutsche Aufgebot. Sechzehn Tage dauerte ihr Widerstand, dann war die Stadt zerstört und voller Toten und mit den Russen rückte etwas Anderes ein.

Es gibt Viertel in Berlin, wo sich dieser Vergangenheit besser nachspüren lässt als anderswo. Zu einem davon geht heute die Reise, konkret, zur Schönhäuser Allee hoch bis zum Ring. Unterwegs blättert die Stadt ihre Schichten auf, wie sonst die Seen ringsum das im Sommer tun. Man watet durch seichtes Gewässer, warm, warm, bis ein kalter Unterstrom jäh unterbricht. Als Erstes taucht rechts der Friedhof auf, jüdische Steine in tiefer Ruh‹. Baumpfleger schneiden Äste von den Linden. Es fährt ein Kind auf einem Fahrrad. Drüben geht ein Hund. Eine Kirche mahnt, dass Gott uns nicht gegeben hat den Geist der Furcht. Die Kulturbrauerei. Es riecht nach Kaffee in den Straßen. Die Glyzinien färben blau in den Fenstern. Eine Mittelschicht hat sich hier niedergelassen, die es sich rundum gut gehen lässt. Wo die U-Bahn aus dem Schacht nach oben fährt und die Straßen sich mehrmals überkreuzen, dort links fängt das gesuchte Viertel an.

Cantianstraße. Wie teuer die Stadt hier doch bauen ließ. Glänzende Häuserfronten, ein freier Blick übers Feld. Pappeln und Platanen stehen Spalier bis zur Sporthalle. Dort hinten verlief die Mauer. Nachdem die Schlacht einmal geschlagen war, lag hier alles in Trümmern – für Grün- und Schießanlagen Platz genug. Gaudystraße. Agaven in den Grünstreifen verraten den modernen Geschmack.

Vor der Halle rechts liegt der Kiez. Das Karree zwischen Rhinow-, Kopenhagener und Sonnenburgerstraße besteht aus renovierten Häusern und liegt behütet im S-Bahn-Ring. Mit seinen Kaffeeläden und Restaurants strahlt es Wohlbefinden aus. Auch das Corona-Virus trübt, so scheint es mir, die Sonntagsstimmung nicht. Genau hier lag einst Inge Meyer, die später Inge Müller hieß, eingegraben in den Trümmern. Ihre Aufgabe war es gewesen, Verwundete von der Straße zu holen und Essbares zu organisieren. Dann ging sie eines Morgens Wasser holen »und dann fiel auf einmal der Himmel um«. Überlebte drei Tage unterm Schutt, bis harte Hände sie herauszogen. Das war am 2. Mai vor fünfundsiebzig Jahren, dem Tag der Kapitulation. Ich studiere jedes Haus, gehe die Fußgängerbrücke entlang, die die sieben Gleise überquert, schaue mir die Stelle von der anderen Seite an. Eine Armee von zweieinhalb Millionen russischen Soldaten rückte von hier Richtung Zentrum vor. Die da drüben hatten nicht den Hauch einer Chance, auch die Flakhelferin Inge Müller nicht. *Zachor* (vgl. Abb. 17).

Abbildung 17.1-2: Die Fußgängerbrücke an der Kopenhagener Straße

Literaturhinweise

Geipel, Ines. ›*Dann fiel auf einmal der Himmel um*‹. *Inge Müller. Die Biographie*. Hamburg: Rowohlt Verlag, 2004.

Müller, Inge. »Unterm Schutt II«. In: *Wenn ich schon sterben muß. Gedichte* (Berlin und Weimar: Aufbau-Verlag 1985), S. 22.

Yerushalmi, Yosef Hayim. *Zachor: Erinnere Dich! Jüdische Geschichte und jüdisches Gedächtnis*. München: DTV, 1996.

Freitag, der 17. April
Die Riesin

Seit Deutschland in die Verlängerung gegangen ist, hat sich Berlin wie von Zauberhand in zwei Lager geteilt. Der Einfachheit halber heißt es hier »zwei«, weil sich halt nicht erfragen lässt, was sich hinter der Maske sonst noch tut. Denn um Masken geht es hier. Die Bundeskanzlerin hat sie uns »empfohlen«, jedoch nicht zur Pflicht gemacht und gestern schon spitzten die Meinungen sich zu. Die Stadtspaziergängerin, die ja den Mundschutz pfleglich mit sich trägt, fuhr auf einmal tadelnde Blicke ein. Das ist das eine Lager. Doch das andere Lager, das lässt sich auch nicht lumpen. Heute früh, als sie hastig in den Laden lief und darüber die Mundschutzvorrichtung vergaß, schossen ebenso tadelnde Blicke über Maskenränder hinweg. Oder irrt sie sich da? In der Stadt gibt es Augen überall, aber ob freundlich oder tadelnd, prüfend oder ohne etwas aufzunehmen, das weiß man nicht so genau. Eine Erkundung soll hier weiterhelfen (vgl. Abb. 18).

1. Erkundung ohne Maske: Beginn: 10.00 Uhr, Dauer: 58 Minuten. Route: Fasanenstraße – Ludwigkirchstraße – Xantener Straße – Adenauerplatz und über den Kurfürstendamm wieder zurück. Zu sehen sind Hausmänner beim Einkauf, Ballspieler auf dem Platz, die Kinder beim Skaten, ein einsamer Handwerker, zwei Raucher an der Ecke, der Fensterputzer bei »Zigarren«, die Schlange beim Bäcker: Alle sind ohne Maske und das bleibt auch weiter so. Übrigens, niemand von ihnen schenkt der Forscherin und ihrem nackten Gesicht auch nur die geringste Beachtung. Nicht-Träger unter sich. An Maskenträgern zählen wir indes zwei Fahrradfahrerinnen, eine Rentnerin mit Tasche,

noch eine beim Lotto-Geschäft und beim Geldautomaten noch mal zwei. An der Bushaltestelle vier rein – vier raus, davon eine mit Maske. Soll man noch bei Lidl rein? »Lidl lohnt sich«, sagt der Spruch. Nein, lohnt sich eher nicht.

2. Erkundung mit Maske: Beginn: 12.15 Uhr, Dauer: 35 Minuten. Route: Vom U-Bahnhof Güntzelstraße bis zum U-Bahnhof Rathaus Steglitz und wieder zurück. Auf dem Bahnsteig stehen neun Wartende, drei davon mit Tuch, die Forscherin ist eine. Im Abteil ist das Verhältnis 3:19. Bundesplatz: fünf raus, eins rein. Da sind es nur noch zwei. Friedrich-Wilhelm-Platz: der zweite Mundschutzträger verlässt den Zug. Nun ist sie ganz allein. Walther-Schreiber-Platz: noch einmal sechs raus, zehn übrig, Maskenzuwachs null. Und was machen die Augen? Nur da und dort ein Streifen, was aber auch dem Notizbuch gelten kann.

Aus diesen Beobachtungen lässt sich als einfaches Fazit ziehen. Das Verhältnis Mit-Tuch/Ohne-Tuch schwankt zwischen 1:20 und 1:10. Die Begeisterung hält sich also in Grenzen. Ebenfalls konnte heute eine gewisse Lethargie in Sachen Tuch-über-Mund-und-Nase-Hochziehen bemerkt werden. Und was wäre denn dafür der Grund? Höchstwahrscheinlich und frei nach Robert Walser: Am Morgen, da die Riesin Berlin ihre Locken schüttelt, »und streckt ein Bein zum Bett heraus«, da kann sie sich nicht auch noch um so ›ne extra Textilie kümmern. Walser wusste bereits, »so eine Riesin, die kleidet sich eben ein bisschen langsam an«. Guten Morgen, Berlin!

Abbildung 18.1-2: U-Bahn Spichernstraße

Literaturhinweis

Walser, Robert. *Berlin gibt immer den Ton an. Kleine Prosa in und über Berlin.* Leipzig: Insel-Taschenbuch, 2006.

Montag, der 20. April
In der Unterwelt

Heute soll die Rückkehr zur Normalität eingeleitet werden. Erste Schritte zwar, aber viele Läden dürfen wieder öffnen. Also freue ich mich und ziehe los, um mit dabei zu sein. Wo da? Nicht so schwierig. Wo sonst ließe sich das Geschehen besser beobachten als in den Tempeln des Einkaufs und der Mobilität, die da sind die Bahnhöfe Berlins? Es gibt nicht wenige davon, aber mein Ziel gilt heute nur den ganz großen, dem Potsdamer und dem Alexanderplatz und auch dem Hauptbahnhof.

Dem Potsdamer Platz nähere man sich von Westen her, dort wo die Straße sich nach rechts beugt und abtaucht in die kalte Schlucht. Wo einst der größte Mauerstreifen zwischen Ost und West sich auftat, da sollte die wiedervereinigte Stadt mit Einkaufspassagen neu vermessen werden. Aber in den Läden rührt sich heute nichts und auch der Bahnhof darunter gleicht eher einer Geisterstadt. Die Räume liegen alle im Dunkeln. Meine Schritte hallen von den Wänden. Damals, als noch die Mauer stand, fuhr man hier an ebenso dunklen und geisterhaften Bahnsteigen entlang, vorbei an schmutzig-weißen Kacheln und Männern mit Waffen im Arm. Die Waffen fehlen heute zwar, aber von einer Öffnung nicht die geringste Spur.

Dann lieber schnell zum Alexanderplatz. Dort von oben nach unten zu laufen macht mir immer eine Freude. Lichtdurchflutet ist das Gewölbe der S-Bahn, das Amphitheater der Treppen glänzt. Die Eisenträger sind von hellen Lichtkästen gekrönt, die grün-blauen Kacheln schimmern. Die U-Bahn hat hier das Privileg, in ein Aquarium einzufahren. Es fehlen zwar die Fische, dafür gibt es Ziele, von denen man träumen kann. Die U5 nach Hönow zum Beispiel, da könnte man zum Tierpark fahren oder zum Kienberg, wo die Gärten sind. Heute will das aber niemand. Die Bahnsteige bleiben leer und auch die Läden, die die Passagen säumen. Die Erlaubnis mag gegeben sein, trotzdem, wo bleiben die Berliner denn?

Schließlich noch eine Stippvisite durch den Hauptbahnhof. Mit der Leere habe ich mich inzwischen versöhnt. Fünf Männer klettern mit Tauen am Gewölbe entlang, ihre Silhouetten im scharfen Licht. Fensterputzer, ein aussichtreicher Beruf. Noch einmal die Treppen hinab bis in die tiefste Unterwelt, dorthin, wo die unerreichbaren Fernziele angekündigt sind. Nürnberg, Stralsund, wann wird das denn wieder? Alles hier unten schweigt Stille, nur die S-Bahn ganz oben lässt sich noch vernehmen. Um sie zu erreichen, steigt man die hundertfünfundsechzig Stufen wieder hoch.

Ist alles jetzt gesehen? Noch nicht alles. Da oben liegt die Stadt höchstselbst, im schönsten Maiengrün. Was steige ich da in die Unterwelt hinab, wie einst die Göttin Inanna? Was fordere ich die Dunkelheit heraus, wenn doch die Sonne scheint? (Vgl. Abb. 19)

Abbildung 19.1-2: Berliner U-Bahntreppen

Literaturhinweis

Falkenstein, Adam (Hg.). *Inanna's Gang zur Unterwelt.* In: Archaische Texte aus Uruk. Ausgrabungen der Deutschen Forschungsgemeinschaft in Uruk/Warka, Berlin 1936.

Dienstag, der 21. April

Die Konsultation

Der Zauber ist dabei, auf leisen Pfoten wegzugehen. Seit die Republik sich streitet über Rückkehr zum »Normalen« und was alles dazu gehört, seit die Motoren angefahren werden und auch die Aggression, seitdem verschließt sich mir die Fähigkeit, das andere zu schauen – mit immer größerer Geschwindigkeit, wie ich feststellen muss. Ich fasse daher den Beschluss, zuerst die Oettingers zu besuchen. Man könnte sie mal fragen, wie es nun weiter gehen wird.

Bislang haben mir die Oettinger-Frauen immer noch Neues geben können. Jahre habe ich mit ihnen in dieser Stadt verbracht. Bin die Strecke zwischen Prinzen- und Lindenstraße hundertmal gelaufen, habe die Brachen angestarrt, wo sie lebten und mit dem Leben davonkamen, habe das Viertel lichterloh brennen gesehen und bin Susanna mit den Blicken gefolgt, wie sie gegen den Strom von Berlin nach Kriebetal lief. Überlebenskünstlerinnen sie alle, Urgroßmutter Bertha, Großmutter Johanna, die Enkelin Susanna und ihre Schwester Lisa in Lahore, und Rani, das Kind der Rechnung, das die Schläge abbekam.

Um zu ihnen zu kommen, muss man lange gehen, den Damm herunter bis zum Ring, dann einmal um Berlin fahren und dann noch Richtung Falkensee. Antonplatz, die Herbert-Baum-Straße, es grüßen die Kastanien mit ihren langen Fingern, da erblicke ich endlich mein Ziel. Auf dem jüdischen Friedhof Weißensee liegen sie, die Berlin zur Großstadt machten, die Pfiff hereinholten und eine reichhaltige Kultur: Lewin, Liebmann und Kantorowicz, Meyer, Lewinski und Orenstein, Gerson vom berühmten Kaufhaus, Mosse von der Zeitung, die

Marcussen und die Wittgensteins. Dazwischen liegen auch die Oettingers, die Steine gerade noch auffindbar: Bertha, geborene Lewinsohn, das Mädchen aus Marienwerder, sie starb in Schöneberg 1905. Und da ist auch schon Johanna, ihr Stein ganz schief geraten, seit 1912 im Grünen hier gebettet. »Guten Tag, Johanna, da bin ich noch mal«. Der Flieder blüht, der Wind ein leichtes Rauschen, ich setze mich hin und denke ein wenig zurück (vgl. Abb. 20).

Von den Oettinger-Frauen lernte ich die Schubertlieder auswendig, wie man sich als Fremde in der Großstadt Berlin zurechtfindet, wo es sich in Brandenburg am besten wandern lässt, und immer die Neugierde als Navigation. Ich erfuhr, wie sie sich zum Islam bekannten und darüber ihre Familie verloren, obwohl da Konversion schon zur Familientradition geworden war. Von Friedrich, dem Getauften, wissen wir nicht, wo er begraben liegt. Aber Lisa und Susanna wurden auf *Brookwood* in Surrey gebettet, in der Nähe des Imams, der sie im Krieg über Wasser hielt. Das waren Frauen, die in den schwierigsten Lagen sich noch um Lösungen bemühten. »Und jetzt?«, sage ich halblaut, und weiß die Antwort auch sofort. Gehe nachhause, hole das Archiv hervor, finde den Briefwechsel zwischen Lisa und ihrem Geliebten, dem klugen Aziz Ur-Rahman, nehme die Gedichte, die sie sich wechselseitig schenkten und lese die Zeilen des unvergleichlichen Friedrich Rückert wieder: »Etwas wünschen und verlangen/Etwas hoffen muss das Herz/Etwas zu verlieren bangen/Und um etwas fühlen Schmerz«.

Abbildung 20: Auf dem jüdischen Friedhof Weißensee

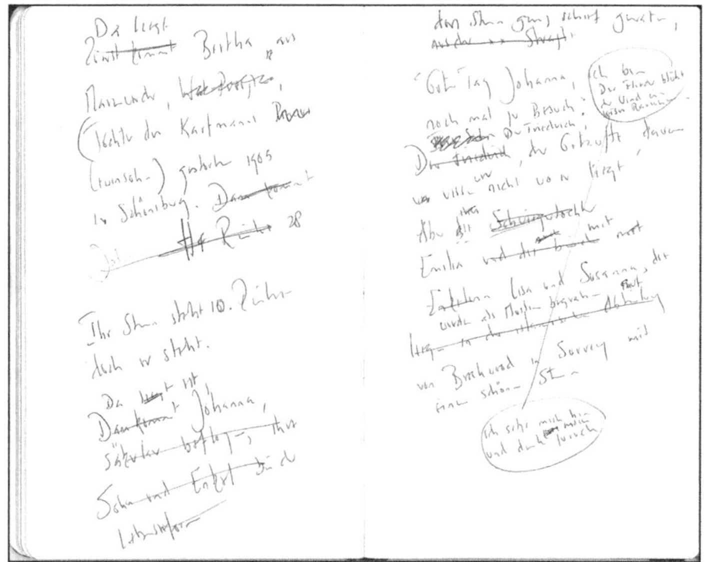

Literaturhinweis

Jonker, Gerdien. ›*Etwas hoffen muss das Herz.*‹ *Eine Familiengeschichte von Juden, Christen und Muslimen*. Göttingen: Wallstein Verlag, 2018

Donnerstag, der 23. April
Wilmersdorf gerät in Wallung

Gestern sind die Berliner auf die Straße gegangen und haben wieder von ihrer Stadt Besitz ergriffen. Es war ein Vorgang, der sich im Laufe des Tages langsam steigerte und gegen Ladenschluss einen Höhepunkt erfuhr. In Wilmersdorf spielten sich dabei folgende Szenen ab:

Am Morgen um 11.00 Uhr weht auf dem Kurfürstendamm eine frische Frühlingsluft. Der Himmel ist tiefblau. Die Gehsteige sind noch in tiefen Schatten gehüllt. Durch die geöffneten Türen kann man überall in die Läden hineingucken und den Leuten bei der Vorbereitung zuschauen. Schuhe, Parfüms, Taschen, Herrenanzüge und Kurzwaren werden dort zurechtgerückt, alles Dinge, die in den vergangenen fünfunddreißig Tagen nicht angeboten werden konnten. Auch in den Reisebüros ist das Licht wieder angeknipst und hinter den bunten Aushängen, die von Inseln, Bergen und Meer erzählen, ist Bewegung wahrzunehmen. Die Stimmung ist freundlich. Aber vor den vielen Cafés und Esslokalen stehen die Tische nach wie vor Kopf; die Stuhlbeine bleiben zusammengekettet. Das vertraute Bild, das sich mit dieser Ladenöffnung einstellen will, bleibt also unvollständig.

12.00 Uhr. Beim Supermarkt erblicke ich die ersten sehr alten Menschen, die sich heute nach draußen wagen, um den großen Einkauf zu tätigen. Es sind dies eine Mutter und ihr Sohn. Beide sind papierweiß im Gesicht, eine ungesunde Farbe, die von dem Mundschutz aus der Apotheke noch verstärkt wird. Die Mutter schätze ich auf weit über neunzig, eine richtige Dame, sorgfältig gekämmt und geschminkt und mit einem lilafarbenen Sommermantel bekleidet; während ihr Sohn, ein gut erhaltener Fünfundsiebziger, beinahe keifend vor Aufregung an der Kasse steht, wo er die Zahlung mit der EC-Karte nicht hinbekommt und sich mit dem Kassierer überwirft. »Ist gut, Hans«, höre ich sie sagen. Mir scheint, dass die beiden einen schon lange geplanten Ausflug unternehmen, sich immer bewusst, dass die Gefahr um jede Ecke lauert und sofort zuschlagen kann. Später am Tag höre ich von noch anderen alten Herrschaften, die auf der Straße gesichtet worden sind, auch sie extrem unsicher. Alle hatten die ungesunde weiße Farbe von Menschen, die lange das Tageslicht haben entbehren müssen. Mir geht durch den Kopf, dass dies also unsere Nachbarn sind, die sich irgendwo da oben fünfunddreißig Tage lang freiwillig isoliert hatten und nun dringend Essensnachschub benötigen. Zwar haben die Supermärkte ringsum die ganze Zeit über geöffnet gehabt, aber erst die allgemeine Ladenöffnung hat sie offensichtlich davon überzeugt, dass es unten jetzt halbwegs sicherer geworden sei.

14.00 Uhr. Als wir nachmittags um zwei Richtung Volkspark gehen, ist in der Güntzel- und der Berliner Straße schon sehr viel mehr Betrieb. Der allgemeine Anblick, den die Straße in den letzten Wochen bot, hat sich aber noch nicht wesentlich geändert. Zu sehen sind nach wie vor Mütter mit Babys im Kinderwagen und jauchzende Kinder auf ihren Steppern. Einmal sehe ich zwei kleine Mädchen mit Mützchen und Schnullern auf der Ladefläche eines Frachtfahrrades staunend in die Welt schauen, während der Vater in die Pedale tritt. Meist sind es doch die munteren Senioren, die diese Gegend bevölkern und in dieser Ecke ihren Einkauf tätigen, nur sind es sehr viel mehr als sonst. Dort wo die Uhland- die Berliner Straße kreuzt, muss man schon richtig manövrieren, um noch genügend Abstand halten zu können.

14.30 Uhr. In den Gärten am Volkspark brummt der Bär. Bei der Nachbarin raufen sich Kinder in verschiedenen Altersstufen. Die hauseigenen zwei, die noch ein bisschen jünger als die anderen sind, setzen sich lauthals schreiend durch. Bei den Nachbarn auf der anderen Seite ist Trampolin-Springen und Blockflöten im großen Stil angesagt. Ich bewundere diese Kinder, wie sie zu dritt auf dem straff gespannten Boden hüpfen, sich nacheinander fallen lassen, wieder im Takt auf die Füße kommen und sich doch niemals in die Quere geraten. Weiter hinten jault unablässig ein Hund, ein großer süßer, den ich wohl gesehen, aber noch nie gehört hatte. Die Besitzerin sitzt daneben im Gras und spricht ihm besänftigend zu. Noch weiter hinten rufen Männer und raucht ein Grill. Eine gewisse Elektrizität hat sich über allem ausgebreitet, etwas Fluides, das zwischen Erwartung und Spannung changiert.

15.00 Uhr. Die Nachbarin erzählt mir von ihrem Bruder, der morgens im Supermarkt an der Kasse den Kunden hinter sich gebeten hatte, doch bitte genügend Abstand zu halten und dafür einen Schlag ins Gesicht bekommen hat. »Die Polizei wurde gerufen. Die kam auch gleich. Als die dann da waren, hat mein Bruder dem Mann gesagt, wenn er sich entschuldige, werde er die Anzeige zurückziehen. Das hat der dann auch gemacht.« Was ist das für eine Szene? Was sagt sie über die momentane Stimmung aus? In etwa so: Der Mensch, der dem andern ins Gesicht schlug, war voller Aggressionen, er wollte sich von niemand mehr Vorschriften machen lassen. »Genug ist genug«, muss er gedacht haben, da solle ihm niemand mehr kommen, und auch: Wo die Läden jetzt öffnen, ist der Spuk doch vorbei.

17.00 Uhr. Gegen fünf Uhr nachmittags ist auf der Uhlandstraße das Geschiebe groß. Ausweichen oder gar Platz für andere machen ist nicht mehr dabei. Das berühmte *social distancing*, das sich so selbstverständlich eingebürgert hatte, ist wie weggepustet. Nun ist das Gegenteil eingetreten, die Leute stehen sich gegenseitig auf den Füßen. Mit Taschen beladene Gruppen nehmen die Gehsteige über die ganze Breite in Besitz. Mehr noch, in ihrer Freude darüber, wieder flanieren und shoppen zu können, mischt sich eine beinahe greifbare Aggression. Shopper mit Mundschutz, die hier deutlich in der Minderheit sind, werden eher mitleidend oder verächtlich angeguckt. Die Ellenbogen sind ausgefahren. Das Volk ergreift Besitz von der Straße.

17.30 Uhr: In einer Seitenstraße tritt eine kleine Familie stadtfein aus der Haustür, klappt den Kinderwagen auseinander und hängt die Taschen um. Der Vater, ein Mitt-Dreißiger mit Bauchansatz, schreit derweil einen kleinen Jungen an; von oben nach unten, wie der Altersunterschied es vorgibt und mit einer Lautstärke, die von den Wänden wiederhallt. Das Kind hält sich an einer Wasserpistole fest, mit der es soeben den väterlichen Bauch angespritzt hat und schaut unsicher hoch. Ich mache zwei Schritte zurück. »Der ist doch noch viel zu klein, um so angeschrien zu werden«, offeriere ich. Der Vater schaut mich nicht begreifend an: »Das ist mein Sohn. Ist doch wohl meine Sache, wie ich ihn erziehe«. Ich: »Ach nein doch. Kinder sind kein Eigentum, die haben auch Rechte.« Das Kind steht mit offenem Mund dazwischen, spritzt dann seine Pistole in meine Richtung. Die Mutter, eine kleine dürre Frau mit langen Haaren, stellt sich schützend vor ihrem Mann. Ich bin Zeugin einer Alltagsnormalität, die nicht für meine Augen bestimmt ist, die sich bislang irgendwo da oben in den eigenen vier Wänden abgespielt hat und nun mit der allgemeinen Aufregung nach draußen gespült wird. Die Eltern haben sich den Übergang von der Familienintimität in die Straßenöffentlichkeit noch nicht so recht realisieren können. Es entwickelt sich ein Gespräch, in dem wir uns nicht erreichen. Am Ende wünsche ich ihnen alles Gute und gehe davon.

Am nächsten Tag hat sich die Aufregung weitgehend gelegt. Die Berliner, die gestern noch die Straße zurückeroberten, bleiben heute daheim. Die shoppenden Senioren sind wieder unter sich. Vor dem Fleischerladen wird höflich Konversation durch den Mundschutz betrieben. Da alle einen tragen, sind die Abstände jetzt geringer geworden. Ins beschaulichen Wilmersdorf ist fürs Erste die Ruhe wieder eingekehrt.

Ein Kiez geht durch die Krise

Samstag, der 25. April
Auf der Straße

Bauingenieur (70).
Ort: Seitenstraße des Kurfürstendamm

Er sitzt mit gekreuzten Beinen auf einer rechteckigen Schaumstoffunterlage, ein kleineres Stück Schaumstoff im Rücken und eine karierten Wolldecke über die Knie ausgebreitet. Die Turnschuhe stehen neben der Matte. Er folgt meinem Blick und sagt, »sonst tun mir die Füße weh.« Ein gepflegter Mann mit einer Wollmütze auf dem Kopf und einer zweiten vor sich auf dem Pflaster. Ich lege eine Gabe in die Mütze. Er schaut mich aus nüchternen grauen Augen an.

Ob ihm nicht zu kalt ist? »Nein«, sagt er, »so ist es gut. Solange ich meine innere Ruhe bewahre, kann ich, wenn nötig, hier auch den ganzen Tag sitzen bleiben. Ich brauche halt das Geld, am besten 20 Euro am Tag dazu, dann komme ich gerade so über die Runden.« Er erzählt, dass er bis Anfang der Krise noch Flyer auf dem Kurfürstendamm verteilte, für acht Euro die Stunde, da war er meist in ein paar Stunden fertig. Seine Rente sei zu gering, um davon leben zu können. So hat er allerlei dazu gejobbt, zum Schluss bei Subunternehmern und eben diesem Flyer-Job. Dann lag nach dem 18. März auf einmal alles flach. Nichts mehr zu kriegen. Da ist er auf die Straße gegangen. Bauingenieur hat er früher gelernt, war immer auf Montage, die Auslandmontage brachte am meisten Geld ein, aber dann hat er irgendwann mal eine Frau kennengelernt und dann war mit dem Ausland Schluss (lacht). »Man sagt, jede zehn Jahre fängt eine neue Zeit an. So war das immer mit mir. Jetzt haben wir wieder eine neue Zeit.«

Wo er schläft? »Ich habe meine Wohnung aufgeben müssen. Dafür reicht im Augenblick das Geld nicht. Jetzt schlafe ich hier um die Ecke (weist auf dem Marmor-Eingang eines Herrenausstatters), dort ist es sauber und relativ ruhig. Es geht. Haben Sie gesehen, wie es dort drüben zugeht? (er weist Richtung Savignyplatz). Die setzen sich dort alle die Nadel, ein Zustand ist es da, das oder die Flasche. Da kann ich nicht dazwischen. In einem Obdachlosenheim war ich auch einmal. Ein Lärm! Nie wieder. Dann lieber hier. Die Leute geben zwar nicht viel, man merkt, dass andere auch Geldsorgen haben, aber es kommt jeden Tag doch etwas zusammen.«

Was ist mit der Zukunft? Er meint, dass er erst einmal so durch den Sommer kommen will, dann sieht er weiter. »Man kann zum Senat, einen Wohnungszuschuss beantragen. Dafür muss man aber erst eine Wohnung haben. Da beißt die Katze sich in den Schwanz.« Dass es alles seine Zeit dauern wird, ja, das muss man akzeptieren. Wiederholt, »aber solange ich meine innere Ruhe habe, wird es gehen.« Er schaut mich aus seinen nüchternen grauen Augen an. Hat alles rational durchgedacht und bislang ist es auch gegangen. Wir nicken uns freundlich zum Abschied zu.

Sonntag, der 26. April
Das alte Mädchen

Lehrerin im Ruhestand (81).
Ort: Hohenzollerndamm

Ich sehe sie, wie sie vorsichtig den Damm überquert – leichter plissierter Sommerrock, hochgeschlossene Bluse, weiße Sandalen – und dabei einen altmodischen Kinderwagen vor sich herschiebt. Als wir uns passieren, erblicke ich darin einen alten Pudel, der mit seiner graubraunen Schnauze gerade unter der Decke hervorlugt. Zwei kleine, weiß verschleierte Augen gucken blind in die Welt. Sie fängt meinen Blick auf und nickt mir ermunternd zu.

Genießt er das? So herumgefahren zu werden?

»Sie. Genießt *sie* es. Es ist ein altes Mädchen, schon siebzehn Jahre alt ist sie. Da wird man steif auf den Beinen (lacht). Ich wohne drüben am Ku'damm, wo Hildegard Knef gewohnt hat, wissen Sie? Und ich fahre sie jeden Tag hierher, damit sie spazieren gehen kann. Dahinten (weist Richtung Friedhof), da tut sie dann ein paar Schritte. Aber soweit hierher kann sie nicht mehr laufen.«

Aber Sie.

»Ja, ich! Ich laufe viele Kilometer am Tag. Ich sage immer, das alte Mädchen hält mich jung. Ich komme aus Thüringen, müssen Sie wissen, aus Smöln. Ich bin eine Thüringerin! Da lagen die Russen nach dem

Krieg. Meine Mutter hat uns immer im Kohlenverschlag versteckt. Ich war noch ein Kind, aber meine Schwester, die war sieben Jahre älter als ich. Immer in den Kohlenverschlag! Die von der Kommandantur, das waren die Schlimmsten. Die kamen nachts über die Zäune. Schrecklich waren die! Aber es gab auch Frauen, die haben da mitgemacht. Die hatten es dadurch leichter. Geschenke bekamen sie, und Kinder natürlich. Ich sage mal, der Russe war nicht immer schlecht. Deswegen. Die Russen hier im Viertel und auch die Ausländer, die kann ich gut um mich haben. Was sind Sie für ein Sternbild?«

Ich bin Krebs.

»Ah ja. Ich bin Skorpion, die vertragen sich gut mit Krebsen. Mein bester Freund war einer. Nein, nein. Das geht immer gut zusammen. Und wo sind Sie her, wenn ich fragen darf? (...) Ah ja, das hört man. Und wie alt sind Sie? (...) Das ist aber noch jung! Mein Freund, müssen Sie wissen, mit dem habe ich immer im Sandkasten gespielt (bei Sandkasten leuchtet ihr Gesicht mädchenhaft auf). Der war in Smöln an der Bornstädter Straße, da wo die Russen immer durchkamen. Dann haben wir geguckt. Später hat er mir erzählt, dass er, also, ein Kind von denen war. Sein Vater war russischer Offizier. Der hat ihn aber auf Händen getragen. Muss man akzeptieren. Ist halt auch eine Realität.«

Und? Sind Sie bislang gut durch die Zeit gekommen?

»Sie meinen: Das hier? (macht eine Handgebärde Richtung Stadt). Ach wo. All diese Aufregung. Da haben wir schon Schlimmeres erlebt. Ich sage zu meinem Mann, wir sehen einfach, was kommt. Ich habe natürlich so ein Ding (fischt einen Mundschutz aus der Tasche). Das muss sein. Aber, nun ja. Soll man sich mal nicht zu sehr aufregen, deswegen. Das geht wieder vorbei.«

Montag, der 27. April
Das ganz große Geschäft

China-Importeur (44).
Ort: Uhlandstraße

He hallo! Wie geht's?

Fan-tas-tisch! Wir sind dran mit Schutzkleidung, aber auch Masken. Die werden momentan überall händeringend nachgefragt. Es ist das ganz große Geschäft. Aber man muss die Ware erstmal hierherkriegen. Wie soll man das machen? Bestellen können wir und die Chinesen wollen auch liefern. Die kommen aber nicht mehr hierher und wir dürfen nicht nach China einreisen. Kann man jetzt vergessen. Und wenn wir wieder reisen können, dann ist man erst dort für vierzehn Tage in Quarantäne und bei Einreise hier noch einmal. Es ist der Wahnsinn!

Mit unseren chinesischen Geschäftspartnern gibt's jetzt mehrfach wöchentlich Telefonkonferenzen. Wir haben sehr gute Ware bestellen können. Also, unsere Masken, solche hat man hier noch nicht gesehen. Die werden aus einer ganz feinen Mikrofaser gefertigt, mit in der Mitte einem elektrischen Feld, das alle Viren anzieht. Da geht nichts mehr durch. Klasse Ware! Die werden jetzt gebraucht. Überall! Überlege mal, wenn auch die Schulen Maskenpflicht bekommen, nicht auszudenken.

Das ist jetzt echt ranklotzen. Das Problem ist das Geld. Wir sind mit Bestellungen von bis zu 150 Millionen Euro konfrontiert, darunter geht nichts. Soviel schütteln wir auch nicht mal eben aus dem Ärmel. Dafür brauchen wir einen guten Geldgeber, der mit einsteigen will. Haben wir auch, aber der nimmt uns 80 Prozent des Gewinns ab (lacht). Das macht aber nichts, irgendwo muss man anfangen. Beim dritten Mal legen wir das selber hin. Wir haben die Zeit vor uns.

Bis nächstes Jahr Sommer? Wo denkst Du hin! Bis diese Gesellschaft wieder im Lot ist, da sind wir schon längst tot. Also, was wir China-Importeure kommen sehen, ist eine Gesellschaft, in der Maskenpflicht für lange Zeit zur Normalität gehören wird. Dass wir das alles irgendwann als normal empfinden. Überlege mal, sowie wir jetzt hier stehen: Du trägst eine Maske, die mich schützt, ich trage eine Maske, die Dich schützt und zusammen bilden wir eine Solidargemeinschaft. Hauptsache, die Maske ist gut. Aber weißt Du, manche wollen auch das nicht. Die muss man zu ihrem Glück zwingen. Du wirst sehen, so wird man die Leute noch mal von einer ganz anderen Seite kennenlernen. Sogar im eigenen Freundeskreis. Überraschungen gibt's!

Dienstag, der 28. April
Bis Weihnachten

Inhaber eines Lakritz-Geschäfts (56).
Ort: Uhlandstraße

Als er die Türklingel hört, kommt er aus dem hinteren Zimmer nach vorne, ruft »Warten Sie einen Moment«, sucht unter der Theke und setzt umständlich eine Apothekenmaske auf. Ein großer, gemütlicher Mann mit einer norddeutschen Mundart. »Ich hörte eben im Radio, dass es morgen auch in Berlin gesetzlich ist, so dachte ich, da übst Du schon mal ein bisschen. Hallo. Was wird es denn sein? Nein, nein, rühren Sie nichts an, ich bediene jetzt selbst.«

Er hat seine grüne Schürze vorgebunden und geht mit seinem Schäufelchen an den Gläsern entlang. Weist mich darauf hin, was es an Neuem im Sortiment gibt, empfiehlt »Die Griotten sind vorzüglich, wollen Sie eine probieren?« und beginnt von allem etwas in ein Zellophan-Tütchen zu löffeln. »Hätte ich auch nicht gedacht, dass ich so noch mal im Laden stehen würde. (weist mit der Schaufel ins Gesicht). Aber ich denke, die Chinesen haben's auch gemacht. Ich meine, die taten es einfach. Wenn die das können, dann können wir es auch. Hauptsache, wir kriegen es hinter uns.«

Wie läuft das Geschäft?

»Ach, ich kann nicht klagen. Es geht mir manchmal ein bisschen zu langsam zu, mit nur einem Kunden zugleich im Laden, wissen Sie. Auf der anderen Seite, die Leute bestellen jetzt auch. Das ist für mich interessant. Ist natürlich viel Arbeit, die Ware muss verpackt und zur Post gebracht werden, umständlich alles, aber es wird doch richtig viel bestellt. Nicht so ein Schiet-Tütchen, Pardon!, wie dieses hier. Es kostet auch 4,50 Euro extra, wenn man es mit der Post verschickt. So ein bisschen würde sich dann nicht lohnen. Ein Kilo verpacke ich jedes Mal locker. Die sitzen zuhause auf dem Sofa und bestellen dies noch und das noch, da kommt etwas zusammen. Die Leute können nicht auf ihre Lakritze verzichten. Die gehören halt dazu. Jetzt erst recht.«

Was meinen Sie, wie lange es dauern wird?

»Sie meinen, dieser Zustand? Ich rechne bis Weihnachten. Das habe ich mir so zurechtgelegt. So kann ich mich darauf einstellen. Man hört die Leute im Radio allerlei reden. Die sagen dann, Jahre, wir müssen uns auf Jahre umstellen. Das glaub‹ ich aber nicht. Das kann ich auch nicht. Bis Weihnachten, sage ich, und danach ist wieder eine andere Zeit. Wenn wir Glück haben! Viel länger können wir auch nicht mit diesen Dingern vorm Gesicht, glaub‹ ich.«

Während des Kassierens hält er einen Moment lang inne und schaut mich nachdenklich an. »Es laufen hier viele mit einer Infektion rum, ohne es zu wissen. Meinen Sie nicht auch?« In mir keimt eine Ahnung, in welches Dilemma dieser Mann sich täglich begibt. Jeder Kunde ist ihm willkommen, aber auch eine potentielle Bedrohung. Damit muss er leben. »So, lassen Sie jetzt mal die nächste Kundin rein. Sonst wartet die zu lange.«

Mittwoch, der 29. April
Klein anfangen

Tischler (72).
Ort: Seitenstraße der Uhlandstraße

Er steht wie eh und je auf dem Gehsteig und streicht ein Möbelteil an. Gegen die Häuserwand stehen seine Möbel gelehnt: Spiegelrahmen, Flurtische, Biedermeierstühle und Fußschemel. Manchmal hält jemand inne, um sie zu begutachten und den Preis zu erfragen. Ein Gesprächsfaden ist dann meistens schnell gefunden. Viele haben zuhause noch einen Mahagonischrank, oder einen Empire-Tisch, der dringend der Überarbeitung bedarf, informieren sich, ob er mal vorbeischauen kann, und schon ist er im Geschäft. Heute freut er sich, dass ich anhalte und frage, wie es ihm geht.

Er war gestern zum ersten Mal wieder im Supermarkt einkaufen und hatte sich darüber gewundert, wie diszipliniert die meisten Leute sich dann doch verhielten. Hatte einem Gespräch zwischen zwei Verkäuferinnen gelauscht, wie sie darüber klagten, den ganzen Tag Mund und Nase bedecken zu müssen, wie erstickend das für sie sei, und hatte Mitleid empfunden. Ihm selber geht es gut. Er fühle sich durch die Verordnungen zum ersten Mal seit langer Zeit ganz ent-schleunigt. In den Wochen des Lockdowns waren neue Aufträge zwar weitgehend ausgeblieben. Dafür hatte er die alten, die noch aus dem letzten Jahr kamen, abarbeiten können. Das fühlt sich gut an, damit könne er erst einmal leben. Aber ob sich das Geschäft auf Dauer damit erhalten lässt, daran hat er so seine Zweifel.

»Man merkt, dass die Leute kein Geld mehr ausgeben wollen. Sie sind zögerlich geworden. Obwohl es hier in der Gegend weiß Gott Geld genug gibt. Warum? Weil man nicht weiß, wie es weiter geht. Wie soll es auch weiter gehen? Hat man die erste Welle einmal weg, wird das Virus hintenrum wieder reinkommen. Das weiß man doch. Das kann man sich doch an den Fingern ausrechnen. So sitzen sie alle auf ihrem Geld und warten erst einmal ab.«

Was ihn ärgert, ist das Gerede vom »Recht auf Ferien, oder wie die das nennen. Mein Gott, dann mal ein Jahr nicht an die Ostsee. Das ist aber für die meisten zu schwierig. Das ist unsere Ich-Gesellschaft, die sich unbedingt verwirklichen will. Erst ich und davon immer mehr. Dann lange Zeit nichts.« So etwas bekommt er mit den Einrichtungswünschen immer hautnah mit. Das kann aber auf Dauer nicht gutgehen. Auch deswegen empfindet er die Krise als Chance. »Wir müssen erst mal ganz demütig werden. Man könnte sich darüber freuen, dass die Bäume grünen und man ein Spaziergang machen kann.« Wieder klein anfangen nennt er das. Für sich hat er das Ziel abgesteckt, später im Jahr vielleicht mit dem Fahrrad nach Brandenburg rausfahren zu können. Aber dafür müssten erst die Gastwirtschaften wieder geöffnet sein.

Drinnen klingelt es. »Kunde droht mit Auftrag!«, ruft er erfreut und geht eilig davon.

Donnerstag, der 30. April
Was haben die davon, wenn wir alle Pleite machen?

Inhaberin eines Perlen-Geschäfts (50).
Ort: Uhlandstraße

Als ich auf dem Weg zum Supermarkt einen Blick in die Perlen-Auslage werfe, winkt sie. »Hallo, komme doch mal rein, hier ist ja sonst niemand«. Der Laden ist leer. Die Perlen glänzen in ihren Fächern. Auf dem Tisch stehen Erdbeeren. Auch Perlen? »Nein, echte«, sagt sie, »probier‹ mal eine!« Wir setzen uns jede ans andere Ende des langen Tisches. Den Mundschutz hält sie zur Hand, falls notwendig. Da sitzt eine Ethnologin, die aus ihrem Wissen über Perlen ein Geschäft gemacht hat und wegen ihrer Herzlichkeit allgemein beliebt ist. Ihre Kunden kommen aus der Nachbarschaft und weit darüber hinaus. Nebenbei noch alleinerziehende Mutter mit einem großen Sohn. Hat sich durch alles durchgeboxt und ist zum Fixstern der Nachbarschaft aufgestiegen.

»Wie es mir geht? Ich sage mal so, ich habe meine Wohnung besser kennengelernt. Das hat mir sehr gefallen. Noch eine Woche länger, und ich hätte auch noch die Fenster geputzt. Sonst bin ich immer neun bis zehn Stunden hier im Laden zugange. So war es mir auch mal recht. Aber seit wieder geöffnet wurde … niemand will jetzt Perlen kaufen, basteln, sich schön machen. Die erste Woche war schon sehr mäßig. Dann kam nach Einführung der Maskenpflicht noch ein weiterer Dip hinzu. Morgen ist der erste Mai, da ist der Laden sonst brechend voll. Dann wollen die alle noch schnell etwas Besonderes basteln, ein Kettchen hier, ein Kettchen dort, etwas für die Ohren – will wohl niemand jetzt. Sitzen alle zuhause.

Ich war gleich dabei, als man Unterstützung für Gewerbetreibende beantragen konnte. Hatte mich vorher erkundigt, wie so ein Formular aussieht und auch gleich einen Slot beantragt. Man bekam ja nur eine halbe Stunde Zeit, um das Formular im Internet auszufüllen. Als es dann so weit war, konnte ich meine Notizen nicht mehr finden, hatte sie vor lauter Aufregung verlegt. Aber es ging dann doch und nach drei Tage war das Geld auf dem Konto. Das hat erst mal Erleichterung gebracht. Bis Ende Mai. Was dann wird, weiß ich nicht. Muss man dann sehen.

Niemand will diesen Mundschutz tragen, natürlich nicht, ist auch ›ne Scheiße, aber das ist nicht das Wichtigste. Wichtig ist – ich weiß nicht, ob die (die Politik, Verf.) das alles so richtig machen. Was haben die davon, wenn wir alle Pleite machen? Hier, die ganze Uhlandstraße entlang, lauter kleine Geschäfte. Wenn die Leute nicht mehr einkaufen gehen und nur noch im Internet bestellen? Ich bin jetzt dabei, eine Internetpräsenz vorzubereiten, klar mache ich das. Aber der Laden lebt davon, dass die Leute hierherkommen und sich die Perlen zusammensuchen. Dann setzen sie sich an den Tisch und fädeln sie selber auf. Diese Nachbarschaft, die da entstanden ist, die kommt uns in dem ganzen Durcheinander noch abhanden.«

Erst nachdem ich mich verabschiedet habe, geht mir die volle Tragweite ihrer Worte auf. Bis Ende Mai also? Ein unerträglicher Gedanke.

Samstag, der 2. Mai
Der Nachschub

Gemüsebauer aus dem Berliner Umland (82).
Ort: Wochenmarkt

Sie haben heute einen kleinen Stand.

»Ja. Das kommt, ich empfange keinen Nachschub mehr. Es gibt nichts. Meine eigenen Tomaten, die dauern noch bis Ende Mai. Mindestens. Es ist zu kalt gewesen. Jetzt verkaufe ich, was noch da ist (er weist auf die Auslage). Da. Es gibt noch ein paar Kartoffeln und rote Beeten vom letzten Jahr. Die können Sie haben. Und Rhabarber natürlich, der ist schon gekommen.« Ich schaue in die angegebene Richtung. Richtig. Was fehlt, sind die Frühlingszwiebeln, die Kräuter und jungen Salate aus Italien, die er sonst immer um diese Zeit im Angebot hat. Auch die kleinen grünen und weißen Blumenkohle fehlen. Als ich nicke, hebt er erst richtig an:

»Was fehlt, sind meine Tomaten. Ich habe nur Harzfeuer, wie Sie wissen, die sind aber jedes Jahr spät ran. Juni – Juli, dann geht's erst richtig los. Haben Sie einen Garten? (...) Ah. Und machen Sie auch Tomaten? Ich sage Ihnen. Man muss ihnen die Spitze nehmen, richtig kürzen. Das zwingt die unteren Triebe auszulaufen. Dann haben Sie die Tomaten unten. Wenn die Pflanze dann noch einmal in der Mitte ausläuft, dann sollen Sie den Trieb stehen lassen. Verstehen Sie das? Stehen lassen! Dann klettern die Früchte im Laufe des Sommers nach oben, dann hat man erst richtig Ernte. Was haben Sie für Boden? (...) Das reicht nicht. Pferdeäpfel, mindestens! Mineralerde brauchen Sie noch dazu. Man müsste auch Frühblüher haben. Haben Sie Frühblüher? Ich habe die nicht. Mit Frühblühern hätte man in diesem Monat schon eine Ernte. Die drüben (er weist auf die Spargelstände gegenüber), die haben ihre Ernte schon. Die müssen jetzt sogar schon losschlagen. Aber Harzfeuer. Wir kriegen noch mal Bodenfrost, wissen Sie das? Es wird nochmal richtig kalt.«

Ich kaufe ihm den Rhabarber, die roten Bete, die Petersilie und noch ein paar Wurzeln ab, halt alles, was da ist. Gesamtsumme: sechs Euro. Als ich mich anschließend verabschieden will, kommt er hinter seinem Stand hervor, ein kleiner Mann mit krummen Gliedmaßen von vieler Feldarbeit, und läuft mir über den Markt hinterher. Die Leute bleiben stehen und drehen sich nach uns um. Er aber sieht nichts mehr. Es muss ihm noch etwas vom Herzen: »Wenn Frost kommt, müssen Sie Kerzen im Tomatenzelt brennen lassen. Solche dicke Kirchenkerzen, die sind gar nicht so teuer. Abends anzünden und die ganze Nacht brennen lassen. Der Frost kommt von oben, verstehen Sie? So bleibt es am Boden gerade über null. Das reicht. Sonst kann man alles wegwerfen.« Er macht mit der Hand eine wegwerfende Bewegung, in der all seine Verzweiflung beschlossen liegt. Und ich weiß: Da droht jemand unter die Räder der Krise zu kommen.

Sonntag, der 3. Mai
Dreißig Kilo Vogelfutter

Inhaber eines Zeitungskiosks (36).
Ort: Seitenstraße der Uhlandstraße

»Die Berliner Zeitung? Um diese Uhrzeit? Da brauche ich nicht mal zu schauen. Die sind alle schon weg. Hier. Nehmen Sie den Berliner Kurier, der kostet nur 1,30 Euro. Die berichten doch alle dasselbe, zumindest wo es darauf ankommt.« Ich schaue auf die schwarz-rote Schlagzeile. »Was ab Montag alles erlaubt ist. Corona-Lockerungen für Friseure, Öffis, Schulen ...« steht da in fetter Aufmachung geschrieben. Tatsächlich, das wollte ich wissen. Ich nehme die Zeitung in Empfang und bezahle. Ein Freund des Inhabers ist gerade zu Besuch gekommen und stellt einen Klapptisch vor der Tür. Die Männer machen sich daran, eine Zigarette zu rollen. Ich bleibe noch ein bisschen stehen. Morgen darf man wieder zu fünft draußen zusammenkommen. Da können heute drei nicht verkehrt sein.

»Wie es geht? Heute zum ersten Mal etwas ruhiger. Die Leute schaffen sich jetzt alles über Internet an. Kann man sich gar nicht ausdenken, was alles. Katzenstreu, Säcke Katzenfutter, Dosen Hundefutter. Das wiegt, wenn man einen Karton davon bestellt. Letztens hatte einer dreißig Kilo Vogelfutter bestellt. Der kam hier an ohne eine Sackkarre und konnte das Paket nicht mal heben. Wusste nicht, dass das so schwer sein würde, sagte er. Dann kam er zurück mit einem Kinderwagen. Da greift man sich doch am Kopf, oder?

Warum? Die Leute haben keine Lust, sich anzustellen, darum. Das dauert ihnen alles zu lange. Es ist eine Art Abstimmung mit den Füßen – mit den Händen, müsste man korrekterweise sagen. Schnell noch ins Internet und dann denken sie, dass ihnen das auch noch bis oben geliefert wird. Aber das machen die DHL-Fahrer nicht mehr. Ist auch nicht zu schaffen. Wussten Sie, dass die morgens mit hundertachtzig Paketen losgeschickt werden? Hundertachtzig Pakete, die sie in zehn Stunden ausliefern müssen! Rechnen Sie mal nach! Das ist drei Minuten pro Paket, vom Wagen bis vor der Haustür, und dann sind sie meistens nicht zuhause. Und dann solche Pakete. Die Fahrer sind ganz schön kaputt, wenn sie hier alles im Laden abgestellt haben. Mit zurück in die Halle nehmen dürfen sie nicht. Dann bekommen sie richtig Ärger. Ich habe einen Freund, der arbeitet als DHL-Fahrer. Der sagt, die Halle ist so überfüllt, da ist kein Durchkommen mehr.«

An dieser Stelle mischt sich der Freund, der bislang nur zugehört hat, ins Gespräch ein: »Ich habe mal was in der Ökonomie gemacht, daher kann ich sagen, die machen alle zusammen den Einzelhandel kaputt. Da rollt demnächst eine Welle von Pleiten auf uns zu. Das ist nicht die Politik. Das machen die Leute selber. Zu faul, ihren Arsch zu bewegen und dann wundern sie sich irgendwann, dass es keine Geschäfte mehr gibt.« Der Kiosk-Inhaber nickt zustimmend. »Und dann sind nur noch wir übrig. Das hätten die wohl gerne.« Wir reden noch ein bisschen über die allgemeine Malaise, wie langsam alles vorankommt. »Wie Treibsand ist das«, observiert der Freund. Nicken. Dann gehe ich wieder heim.

Dienstag, der 5. Mai
Der Diebstahl

Inhaber eines griechischen Restaurants (70).
Ort: Seitenstraße der Uhlandstraße

Er sitzt am Tisch hinterm Fenster und notiert die Abholbestellungen. In dem großen Schankraum sind gerade die Böden abgezogen worden. Das Mobiliar steht noch gegen die Hinterwand gestapelt. Tresen und Flaschenwand wirken frisch lackiert. Ich setze mich zu ihm. Aus der Küche klingt das Kling-Klang der Kochtöpfe zu uns rüber. Seine Stimme hallt von den kahlen Wänden.

»Wie es mir geht? Mir sind diese 14.000 Euro Zuschuss vom IBB gestohlen worden. Das ging ruckzuck. Ich habe das Geld noch auf dem Konto gesehen am Morgen, als es reinkam. Dann war es verschwunden. Ich habe natürlich gleich die Polizei informiert. Dort hörte ich, dass das vielen so passiert ist. Irgendwelche Sicherheitslücken. Die sitzen in Weißrussland oder sonst wo, folgen der neuen Spur und räumen ab. Ich wusste nicht, dass so was möglich war. Habe natürlich auch die Bank informiert. Die hat daraufhin das Konto gesperrt. Jetzt geht nichts mehr, Miete, Rechnungen, Schulden – keine Ahnung, was passiert. Ende des Monats wollen sie Bescheid geben. Mal sehen, ob sie dann auch vergüten.

Dass wir doch haben renovieren können, liegt daran, dass die Kunden viele Gutscheine gekauft haben. Das war überwältigend, soviel Hilfsbereitschaft. Von Freunden natürlich, aber auch von Kunden, deren Namen ich nicht mal kenne. Gestern noch kam hier ein altes Ehepaar eine Bestellung abholen. Ich kenne sie natürlich vom Gesicht. Die kommen hier jeden Tag vorbei, aber ich weiß nicht, wie sie heißen oder wo sie wohnen. Der sagte, wir haben noch etwas Geld auf der Bank. Brauchen Sie welches? Kannst Du Dir das vorstellen? Wo ich Dir das jetzt erzähle, kommen mir wieder die Tränen.

Ich bin schon sechsunddreißig Jahre an diesem Ort. Damals, 1984, als ich frisch aus Zypern rüberkam, war das hier eher eine düstere Straße, verschlossen. Die Leute hatten Angst vor Ausländern, die wagten sich hier nicht mal rein. Ich habe angefangen, einen nach den anderen anzusprechen, mal ein Glas auszuschenken, sie einzuladen. Dann sind sie reingekommen und seitdem sind das meine Kunden. Jetzt reden wir alle miteinander. Ich glaube, ich habe viel dazu beigetragen, dass dieser Kiez sich überhaupt erst geöffnet hat.

Ich las eben im Internet, dass wir wahrscheinlich in ein paar Wochen wieder aufmachen können, mit Auflagen natürlich. Nur zwei an einem Tisch, es sei denn, sie sind verwandt. Das wären vier Tische da drüben, hinten noch mal vier, einer am Tresen, dieser hier am Fenster, und draußen vier statt sonst acht. Dazu soll man die Namen und Adressen notieren für wenn's losgeht. Keine Ahnung, wie wir das hinkriegen werden. Aber wenn wir mit Reservierungen arbeiten und die Leute nach zwei Stunden wieder raus sind, ja, dann hätte ich erst einmal die Kosten raus. Das ist doch ein Anfang! Mich kriegen die nicht klein. Was kann mir schon groß passieren? Das kriegen wir hin.«

Mittwoch, der 6. Mai

Relaxed durch den Ramadan

Imam der Moschee (50).
Ort: Wilmersdorfer Moschee

Er erwartet mich schon, sagt gleich, eine halbe Stunde Zeit für mich zu haben, dann komme der nächste Besucher. Der Imam der Wilmersdorfer Moschee ist ein umtriebiger Mensch, der es gewohnt ist, Probleme anzupacken. Seit er vor fünf Jahren von Lahore nach Berlin geschickt wurde, hat er erfahren, dass es in Berlin viele davon gibt. Seine Haare haben darüber schon weiße Strähnen bekommen. Das Fasten, sagt er, bekomme ihm gut. Endlich Ruhe im Karton! Wir setzen uns in den weitläufigen Garten. Hinter ihm glänzt die Moschee in der Sonne. Er folgt meinen Blick und strahlt über beide Ohren: »Wir haben angefangen, die Innenseite zu renovieren, trotz Corona!« Von der weltweiten Gemeinschaft ist bislang niemand infiziert worden, nicht in Pakistan, nicht in England, nicht auf den Philippinen, nirgendwo. Allen geht es gut! Beten kann man schließlich auch alleine zuhause. Die Gottesdienste sind per Videoübertragung geschaltet worden. Und schlecht geht es ihm dabei nicht. Er hat endlich ein etwas ruhigeres Leben und von allen Gemeinden, die zu seiner Gemeinschaft gehören, hat seine hier in Berlin noch den meisten Spielraum. Besucher kann er empfangen und theoretisch könnte er schon fünfzig Betende zu gleicher Zeit in die Moschee lassen, mit Abstand und Mundschutz natürlich und nach vorheriger Waschung zuhause. Aber noch tut er es lieber nicht. Sich nicht die Hände zu schütteln, sich nicht umarmen zu dürfen, das wäre für seine Leute das Schwierigste. Dann lässt er es lieber ganz sein.

Sein Alltag hat sich durch die Vollbremsung des öffentlichen Lebens sehr vereinfacht. Alles ganz relaxed! Er zählt an den Fingern ab: Der interreligiöse Dialog findet im Augenblick nicht statt. Zu Vorträgen eingeladen wird er nicht mehr. Die lange Nacht der Religionen ist abgesagt worden. Nach Lahore fliegen, um Bericht zu erstatten, steht im Augenblick nicht am Horizont. Nur die bi-nationalen Paare, die heiraten wollen, die kommen nach wie vor, sogar zahlreicher als je. »Freizeit ist Heiratszeit«, meint er. Nun hofft er doch sehr, dass zumindest im September der Tag des offenen Denkmals stattfinden wird. Dann empfängt er meistens über tausend Besucher und das tut der Gemeinde jedes Mal gut. Was meine ich, ist es dann vorbei? Als ich sage, nein, wohl eher nicht, guckt er ziemlich erstaunt.

In zwei Wochen, wenn das Ende des Ramadans gefeiert wird, überlegt er sich schon, Gruppen von fünfzig Personen nacheinander in die Moschee kommen zu lassen: »Um 12.00 Uhr – beten und wieder weg! Die nächsten um 13.00 Uhr – beten und fertig.« Und so weiter. Aber das große Fest mit dem vielen Essen wird in diesem Jahr wohl ausfallen müssen. »Die Leute haben doch Angst vor dem Essen, das andere gekocht haben. So etwas rühren sie momentan nicht an.« Zum Abschied bringt er mich zum Gartentor. Und bleibt dort gleich stehen für den nächsten Besucher. Ein zufriedener Mensch.

Donnerstag, der 7. Mai
Omars Geschichte

Inhaber eines Falafel-Imbisses (40).
Ort: Uhlandstraße

Er steht vor seinem Laden mit den Händen in den Hosentaschen. Eine schmächtige, jugendliche Gestalt, hellblauer Pullover, schwarze Schildpad-Brille, intellektuelles Gesicht. Wir sind verabredet, aber er weiß nicht so genau, was er mir sagen soll. Verlegen. Als ich frage, »Warum diese Ecke?«, lacht er.

»Ich bin 2010 von Damaskus hierhergezogen. Davor war ich schon ein paar Mal in Berlin, fand es eine coole Stadt, mehr so meine Stadt. Hier gab es allerlei Möglichkeiten. Hier gehöre ich hin, dachte ich. In Damaskus war damals alles schwierig, zu bürokratisch, nichts ging mehr. Das war ein Jahr, bevor der Krieg begann. Ich habe mich zuerst in Berlin an der Universität beworben und bekam auch gleich einen Studienplatz. Dann dachte ich, nein, ich will meinen Traum verwirklichen. Ich hatte einen Traum von einem eigenen Restaurant mit Essen, das genauso gut wie zuhause schmeckt. Mein Restaurant sollte das gewisse Etwas haben. Wenn das Essen hervorragend und die Musik gut ist, und es dazu noch eine coole Atmosphäre gibt, dann hat man all die Elemente zusammen, die Zauber hervorrufen können. Das wollte ich erreichen.

Zuletzt habe ich im Waldorf-Astoria am Zoo gearbeitet, schickes Hotel, aber das war es nicht für mich. Es hat alles länger gedauert als ich dachte, aber 2019 konnte ich dann hier dieses Lokal eröffnen. Es ist eine schwierige Ecke, das ist wohl wahr, aber ich wohne hier (weist nach oben) und wenn das Essen gut ist, kommen die Leute irgendwann von selber. Eine Damaszener Falafel erhält viel Petersilie und Koriander sowie zehn Kräuter, die sind aber Betriebsgeheimnis. Sie ist knusprig, aber nicht fett. Man gibt ihr schöne Beilagen und Soßen bei. Sie sieht einfach schön aus. Um das zu erreichen, muss man etwas mehr investieren, gute Qualität einkaufen, gute Qualität liefern, dann spricht sich das herum. Aber man braucht Zeit dafür.

Nachdem ich ein halbes Jahr geöffnet hatte, hörte ich, dass ich wegen Bauarbeiten schließen sollte. Na schön. Hat man gerade geöffnet, dann das. So bleiben einem doch die Kunden weg! Ich sagte erst, vergiss es! Aber es ging um einen schwerwiegenden Baufehler. Mein Anwalt sagte, das kann Dir noch gefährlich werden, wenn die Decke runterkommt. Mache es! Aber zumachen wollte ich nicht. Da habe ich also nur die Ecke mit den Tischen zugemacht und auf Imbiss umgestellt.

Das war Januar. Wir wollten gerade wieder zum normalen Betrieb zurück, dann kam Corona. Aber wissen Sie, eigentlich haben wir dadurch gewonnen. Alle Restaurants gingen zu. Wir blieben offen. Wir waren schon Imbiss. Es sind in der Zeit ganz neue Leute gekommen, wollten mal ausprobieren und haben gemerkt, mmm, das schmeckt! Der Laden läuft noch nicht ganz wie er laufen soll. Das braucht halt seine Zeit.«

Vor seinem Laden hat er an den Wänden kleine Gärten angelegt und drinnen Kakteen angepflanzt. Nun will er noch Clematis hochklettern lassen und nach dem 16. Mai, wenn der Restaurantbetrieb wieder erlaubt ist, draußen Tische und Stühle aufstellen. Ein Fleckchen Damaskus in Berlin. »Ich bin ein optimistischer Mensch«, sagt er zum Abschied, »so schnell gebe ich nicht auf.«

Freitag, der 8. Mai
In froher Erwartung

Ärztin (32).
Ort: Seitenstraße der Uhlandstraße

Ich sehe sie am Fenster im ersten Stock, gerade damit beschäftigt, ihrem Partner eine Tüte herunter zu werfen, aufgeweckt, energisch und hochschwanger. Will sie mir erzählen, was die Krise für sie bedeutet, frage ich nach oben. Sie will. Das darauffolgende Gespräch führen wir durch die Eingangstür; ich draußen im Flur, die beiden drinnen, einen Sicherheitsabstand von mindestens zwei Metern zwischen uns.

Wie es geht? Gut geht's. Sie hatte das Glück, dass ihre Hausärztin sie gleich zu Beginn der Krise wegen der Schwangerschaft krankschrieb. Das war zwar eine Koinzidenz, aber es war ihr schon recht gewesen. Die Morgenbesprechungen im Krankenhaus waren ihr immer suspekter vorgekommen. Fünfzig Ärzte dicht an dicht in einem Zimmer und Besprechungen, die immer länger dauerten. Das war der Beginn der Covid. Es gab jeden Tag mehr zu bereden. Klar war auch gleich, dass es kaum Schutzkleidung geben würde. Man würde improvisieren müssen. Die Ärztin neben ihr auf dem Flur machte noch alle Covid-Abstriche alleine, aber sie tranken Kaffee aus derselben Kaffeemaschine. Sie dachte an ihr Kind im Bauch und war froh, sich und das Baby isolieren zu können.

»Wann es kommt? Ende Mai, Anfang Juni. Wir werden dafür doch ins Krankenhaus gehen müssen. Es ist das erste Mal und man weiß ja nicht, ob es Komplikationen geben wird. Mein Körper ist es noch nicht gewohnt. Dann besser im Kreissaal. Aber wenn alles gutgeht, werden wir nach vier Stunden wieder heimgehen. Besser zuhause als dort. Dort kann jeden Moment ein anderer durch die Tür kommen. Nein danke!« Ihr Partner sagt: »Ich darf bei der Geburt dabei sein, aber danach würde ich sie dann nicht besuchen können.« Beide lachen ob der Absurdität der Lage. Aber dann meint sie: »Was soll man auch machen? Es geht nicht anders. Wir müssen uns anpassen.«

Er: »Jetzt wird gesagt, dass der erste Impfstoff in einem Jahr erwartet wird. Aber für Masern hat man vier Jahre benötigt. Das ist die Realität, damit müssen wir versuchen zu leben. Nicht einander anstecken. Konsequent Mundschutz tragen, das hilft. Ich begreife die Leute nicht, die stattdessen allerlei absurden Verschwörungstheorien hinterherlaufen, zum Beispiel, dass Merkel das macht, um uns einen elektrischen Chip zu implantieren. Das ist doch absurd.« Beide ärgern sie sich über die Leute im Supermarkt, die nur lässig einen Mundschutz überstreifen, weil es halt sein muss, aber ihn sofort nach der Kasse wieder herunterziehen. Fahrlässig. »Diese armen Kassiererinnen, die sitzen da den ganzen Tag stoisch hinter der Scheibe. Die müssen das alles ertragen.«

Es ist schwierig, ausgerechnet jetzt ein Kind zu bekommen. Abgesehen vom Risikofaktor Krankenhaus, abgesehen davon, dass man noch nicht genau weiß, was das Virus mit Kindern macht; keine Kita, kein Kinderladen ist momentan geöffnet. Sich in eine Liste eintragen? Geht nicht! Auch deshalb überlegt sie sich, ihre Mutterzeit auf eineinhalb Jahre auszuweiten. »Wäre doch gut. Wenn das Baby dann anfängt zu laufen, bin ich dabei. Das würde ich sonst verpassen.« Beide stehen da und lächeln versonnen. Zwei Eltern in froher Erwartung. Wir wünschen ihnen alles Gute.

Samstag, der 9. Mai
Auf Sicht fahren

Hochbau-Architektin (45).
Ort: Volkspark

»Seit diese Krise begonnen hat, fahre ich auf Sicht, so von – halt sehen was kommt und das jeden Tag von neuem. Mein Leben ist mehr nicht planbar und wie es aussieht, wird es auf lange Sicht auch nicht sein. Geplant war, dass der Kleine, der gerade ein Jahr alt geworden ist, in Mai in dieselbe Kita kommen würde, in der mein Großer bis zum Beginn des Lockdowns schon war. Geplant war auch, dass ich im Sommer wieder in den Arbeitsprozess einsteigen und erste Aufträge akquirieren würde. Das wäre gegangen. Der Markt ist gerade gut und Leute wie ich werden händeringend gesucht. Aber daraus wird nun nichts. Das kann ich jetzt vergessen. Am Anfang war ich erbost darüber. Ich habe sogar sehr damit gehadert, wie auf einmal, mir nichts dir nichts meine Bürgerrechte eingeschränkt wurden. So von – das machen wir jetzt mal, nur vorübergehend, muss halt sein.

Du musst wissen, ich bin Bürgerin dieses Landes, hinter dessen Grundgesetze ich völlig stehe, und bin somit in einem ganz bestimmten Umfeld aufgewachsen. Ich habe mich viel mit der Nazi-Vergangenheit auseinandergesetzt, habe meine ersten Zeitzeugen sozusagen schon in der Grundschule gehört. Immer ging es darum, dass wir lernten, die Anfänge zu erkennen. In den 1930er Jahren waren sie alle miteinander *peux-à-peux* in den Abgrund geschlittert: hier noch ein Gesetz, dort noch eine Maßnahme und dann saßen sie auf einmal in der Falle. Da gab es keinen Weg mehr zurück. Und vor zwei Monaten dachte ich, jetzt geht es wieder von vorne los, gleich sitzen wir drin und werden die Maßnahmen festgemeißelt. Damit habe ich gehadert.

Meine Umgebung hat mir meine Bosheit nicht gespiegelt. Die sagten alle, wieso, das muss jetzt sein, ist nur für kurze Zeit. Und dann merkte ich auch, dass meine Unruhe von der AfD vereinnahmt wurde, dass die versuchten, genau daraus Münze zu schlagen. Das wollte ich auch wieder nicht. Das bin ich nicht. Da gehöre ich nicht hin. Also habe ich es gelassen.

Seitdem versuche ich jeden Tag zu sehen, was kommt und es dann auch anzunehmen. Das ist total schwierig. Finanziell ist es enger geworden. Außerdem habe ich die kleinen Inseln, die ich für mich geschaffen hatte – mal eine Freundin zum Lunch treffen, mal ohne Kinder einkaufen oder in den Garten gehen – verloren. Für die Kinder bedeutet es, dass ich ungeduldiger geworden bin. Das merken sie und die geben mir das zurück. Der Älteste, der ist eigentlich ein ganz Lieber, der tut auf einmal Dinge, wovon er weiß, dass sie mich ärgern. Ob ihm Aufmerksamkeit fehlt oder was anders muss ich noch herausfinden.

Wir müssen ein neues Gleichgewicht finden. Aus dem ›nur für ein paar Wochen‹ ist jetzt doch eine unbestimmt lange Zeit geworden. Ich mag gar nicht daran denken, wie das weiter gehen wird. Darum sage ich die ganze Zeit, ich fahre auf Sicht.«

Sonntag, der 10. Mai

Was wir jetzt brauchen, ist ein Schlangenritual

Restaurator antiker Kelims (55).
Ort: Seitenstraße der Uhlandstraße

Wie viele andere kam er in den 1970er Jahren nach Berlin, um zu studieren. In seinem Büro hängen die Porträts der Denker, die ihn damals am meisten faszinierten: Aby Warburg, Erwin Panofsky, Ernst Cassirer, Walter Benjamin. Las ihre Kulturtheorien und dachte über die Entzauberung der Welt nach. Fing an, die Nomaden seines Heimatlandes zu besuchen und alte Kelims zu sammeln. Lernte das Handwerk und die Bedeutung der archaischen Muster. Stieg ins Geschäft ein. Lernte, dass auch der hartgesottenste Berliner doch immer noch einen Zauber braucht, und wenn es ein Teppich ist, den man sich ins Zimmer legt. Der Mensch hat Sehnsucht, sich zu verwandeln und wo Religion nicht mehr zieht, sollen die Dinge es richten. Das ganze Kelimgeschäft lebt von dieser Sehnsucht, wie er heute weiß.

Und? Wie geht es Ihnen?

»Das Geschäft ist im Augenblick ruhig. Sagen wir mal ehrlich, es ist sehr, sehr ruhig geworden. Nicht normal, aber was ist normal in diesen Zeiten? Die Leute kaufen halt nicht. Anderseits haben wir gute Kontakte zu einigen Museen knüpfen können. Wir helfen, Sammlungen zu ergänzen, solche Dinge. Irgendwo geht es immer weiter, muss es weiter gehen. Das ist der Gang der Dinge.«

Ich habe mir Ihre YouTubes angeschaut, in denen Sie die These aufstellen, dass diese Gesellschaft ein neues Schlangenritual braucht. Das würde nicht jeder so sagen.

»Ja. Schauen Sie. Ich habe geschäftlich viel mit Iran zu tun. Das Land wurde ja hart vom Virus getroffen. Dennoch gab es dort kaum Verschwörungstheorien, so wie sie bei uns kursieren. Die Leute dort haben dafür ein festgefügtes Weltbild. Das hat ihnen sehr geholfen, als es darum ging, der gesellschaftlichen Katastrophe, die mit dem Virus eintrat, einen Platz zu geben. Sie sagten sich, ›so ist halt die Natur‹, oder auch ›das ist Gottes Willen‹, je nachdem. Sie mussten nicht tief in die Mottenkiste greifen wie manche hier, um irgendwem die Schuld zuzuschieben. Die Chinesen, Bill Gates, Merkel, da gibt es so einige, die daran haben glauben müssen. Es ist nämlich so: Unserer hiesigen Gesellschaft gelingt es nicht mehr, sich zu sagen, ›das ist die Natur‹. Stattdessen sagt sie, ›das kann man uns doch nicht antun!‹ Die Ich-Kultur ist ihnen zum Käfig geworden. Dagegen sage ich, ›wir brauchen ein neues Schlangenritual!‹«

Wie kann uns das weiterhelfen?

»Aby Warburg hat als erster davon gesprochen. Als er um 1900 bei den Hopi-Indianern war, sah er, wie sie in Zeiten extremer Trockenheit Schlangenrituale aufführten. Dabei steckten sie sich giftige Schlangen in den Mund. Die Indianer hätten die Schlangen auch köpfen können, taten sie aber nicht. Sie tanzten mit ihnen und ließen die Tiere danach frei. Es war das Spiel mit der Angst und der Metamorphose. Der Zick-Zack des Schlangenkörpers sollte den Himmelsblitz dazu ermutigen, sich zu zeigen. Sie wollten Regen! Genau an diesem Versuch las Warburg den Prozess der Kultur ab. Es geht letztendlich immer um die Fähigkeit, eine drohende Gefahr zu unterbrechen und in etwas anderes umzuwandeln. Also, auf unsere Lage bezogen: Nicht die Augen zuzumachen, nicht die Schuld irgendjemand zuzuweisen, sondern sich zu sagen, so ist es, das ist unsere Lage und wo geht's jetzt weiter.

Verzaubern. Umwandeln. Eine neue Fährte aufnehmen. Das ist der Prozess der Kultur schlechthin.«

Literaturhinweise

Hejazian, Razi. *Kelims & Teppiche der Nomaden und Bauern. Universale Bilder im Dienste der Verbundenheit, Besonnenheit und der Ästhetik.* Berlin: Dr. Razi Hejazian, 2019.

Warburg, Aby. *Das Schlangenritual. Ein Reisebericht* (1913). Berlin: Wagenbach, 1995.

Montag, der 11. Mai
Die Bekloppten

Inhaberin einer Apotheke (46).
Ort: Uhlandstraße

Morgens im Park: »Wie geht's Ihnen? Wir halten es gut. Dann kommt es auch gut!« Wenig später beim Zeitungsmann: »Weniger Lärm tut gut!« Ich gehe zur Apotheke, frage, was die Stimmung im Kiez so macht.

Haben Sie noch einen Mundschutz für mich?

»Natürlich, die haben ich jetzt in rauen Mengen. Die Apothekerversion ist etwas besser als die Selbstgemachte, aber davon habe ich auch ein paar angeschafft. Sieht etwas freundlicher aus, finde ich. Also, die trage ich selber auch. Wir werden uns daran gewöhnen müssen.«

Hoffentlich nicht.

»Doch. Solange kein Impfstoff gefunden wird, werden wir sie tragen müssen. Bis nächsten Sommer mindestens. In diesem Sommer wird die Kurve etwas runter gehen, so wie bei der Grippe auch in jedem Jahr, aber sobald es Herbst wird, ist das Virus wieder zurück. Das kann man sich an den Fingern abzählen. Die Grippe kommt auch jedes Jahr zurück, von Januar bis März, aber dagegen kann man sich impfen lassen. Sollte man auch tun, wenn man ein bisschen Vernunft hat.«

Ich höre immer öfter: Was soll das alles? Die Grippe hat 2018 20.000 Tote gefordert, dieses Virus aber nur 7.000.

»Ja, höre ich auch jeden Tag. Kriege ich sozusagen von jedem zweiten Kunden an den Kopf geworfen. Aber die vergessen, dass man sich gegen dieses Virus nicht schützen kann. Dabei ist es hochansteckend und gefährlich. Wenn man liest, was es alles verursachen kann ... Außerdem hinterlässt es Spuren. Wer es einmal gehabt hat, ist ein Leben lang weiter damit beschäftigt. Nee, soll man besser nicht kriegen.«

Haben Sie eine größere Laufkundschaft bekommen?

»Es geht jetzt wieder. Aber am Anfang, die ersten sechs Wochen oder so, die waren zum wahnsinnig werden. So was hatte ich noch nicht erlebt. Der normale Betrieb ging natürlich weiter. Die Leute gehen weiter zum Arzt. Aber dann wollten sie sich zusätzlich mit Vitaminen und Mineralien eindecken. Dachten, dass sie das gegen das Virus schützen würde. Alles Unsinn natürlich, man tut besser daran, ausreichend Obst und Gemüse zu essen. Aber sag das mal einer. Da redet man gegen eine Wand.«

Verschwörungstheorien?

(Denkt nach) »Ich glaube, ich hatte bislang nur einen einzigen. Der wollte mir erzählen, dass es die Chinesen waren. Nicht Merkel, nicht Bill Gates – die Chinesen! Die würden jetzt jedes Jahr ein neues Virus um die Welt schicken, um die Weltherrschaft zu erobern. Damit konnte ich nun gar nichts anfangen. Habe das Thema gewechselt, was soll man auch machen. Diskutieren geht nicht. Ansonsten ist das hier eher eine ruhige Ecke. Doch. Die Leute hier haben ihre Macken. Aber bekloppt, nein. Das auch wieder nicht.«

Dienstag, der 12. Mai
Um den Schlaf gebracht

Weinimporteur (55).
Ort: Seitenstraße der Uhlandstraße

Ein kleiner Laden. Rechterhand australische Stiefel. Linkerhand Kisten und ein großer Kühlschrank voller Weinflaschen, ebenfalls aus Australien. In der Mitte ein Ledersofa zum Fernsehgucken. Der hintere Teil ist mit Tisch, Stuhl und Bildschirm als Büro ausstaffiert: *Voilà*, das Kontor des Großimporteurs australischer Weine in Berlin. Er selber sagt entschuldigend, dass die Vorstellung »ins Büro zu gehen« ihm immer abstoßend gewesen ist. Viel besser sei es für ihn, in einem Laden zu sitzen, regelmäßig Leute zu sehen und nebenbei die weltumspannenden Fahrten seiner Weincontainer zu verfolgen. Außerdem ist es fürs Geschäft besser, mehrgleisig zu fahren. Anfänglich, vor zwanzig Jahren, sagt er, lag das Verhältnis Wein – Stiefel noch bei 90:10. Heute sei es schon 70:30. Das ist eine gute Entwicklung. Als Geschäftsmann muss man flexibel bleiben. Das hat die Corona-Krise mal wieder bestätigt.

Wie denn?

Ganz einfach. Das ging so: Von China fuhren Ende Januar keine Containerschiffe mehr ab. Das Land wurde ja zugemacht. Dadurch fehlten als nächstes Container in Australien. Kein Container, kein Transport. Aber sein Geschäft ist es nun mal, den Transport australischer Wein vom Weinbauer bis zum Abnehmer zu organisieren. Er sorgt dafür, dass leere Container beim Weingut abgestellt, befüllt, zum Containerhafen gebracht, in den reservierten Slot gestellt, um die Welt gefahren, abgeliefert, und schließlich bis zum Abnehmer transportiert werden. Ohne Container fiel das alles nun weg. Aber nicht genug damit. Als nächstes sagten auch die Abnehmer ihre Bestellungen ab, oder sie zahlten nicht. Zwar fahren seit Anfang Mai die Containerschiffe wieder rundum die Welt, aber das Loch, das in der Bilanz geschlagen worden ist, wird so schnell nicht gefüllt werden können.

Hat er schlaflose Nächte gehabt?

Doch das hat er. Das Ganze hat ihn nachts des öfteren wach gehalten. Und leider sei er auch ungeduldiger mit den Kindern. Er hebt bedauernd die Schultern. Anderseits hat er schlagartig aufgehört, noch ein Glas zu trinken und das war wirklich nicht einfach mit all dem Wein vor der Nase. Sechs Wochen ist das jetzt her. »In Krisen brauche ich einen klaren Kopf«, sagt er, und ist auch ein wenig stolz ob der Leistung. »Außerdem passen die Hosen jetzt besser!«

Wie es weiter gehen wird?

Das hängt von vielen Faktoren ab. Restaurants und Tankstellen, beide wichtige Abnehmer australischer Weine, wurden hart getroffen. Der Großhandel hält sich entsprechend zurück. Aber auch im Kleinen herrscht Zurückhaltung. Die Leute wissen nicht, ob sie in Ferien fahren können, also kaufen sie keine australische Sandalen wie sonst um dieser Zeit, um nur ein Beispiel zu nennen. Vorläufig fährt er also mit halber Kraft und auch mithilfe eines Überbrückungskredits. Sonst, ja wirklich, sonst könnte er einpacken. Und das, sagt er, wird wahrscheinlich vielen so gehen.

Donnerstag, der 14. Mai
Corona!

Italienischer Restaurantbesitzer (60). Ort: Seitenstraße der Konstanzer Straße

Signor! Wie geht es Ihnen?

»Wie es geht, Signora? Wie soll es gehen? Es ist schwer. Jeden Tag wache ich auf mit einem Gefühl der Fremdheit. Das ist alles nicht natürlich und es geht auch nicht vorbei. Jeden Tag wieder von vorne! Wo soll das hingehen? Aber meine Verwandten in Italien, die haben es noch schwerer. Die dürfen nicht mal raus! Dagegen ist es hier noch immer eine Art Freizeit. Man kann joggen. Man kann spazieren gehen. Pilze suchen! Aber trotzdem: schwer. Jetzt dürfen wir am Freitag das Restaurant wieder öffnen. Aber ehrlich, wie soll das gehen? All diese Leute hier drinnen an den Tischen. Da kann man sich doch so wieder infizieren!«

Er muss los, Dinge besorgen, und sagt, ich solle in zwei Tagen noch einmal vorbeischauen.

Als ich wiederkomme, ist der Laden am Brummen. Der Restaurantraum wurde heute auf Hochglanz geputzt und die schweren Eichentische neu aufgestellt. Diejenigen, die jetzt übrig sind, werden gerade nach draußen getragen und das sind ziemlich viele. Aber alle sind wieder da und packen mit an. Die junge Frau in der Bar, die die ganze Zeit beim Kind zuhause geblieben ist, nickt verstohlen und lacht. Der ältliche Kellner, der uns immer mit einer leicht zeremoniellen Verbeugung empfing, steht heute lächelnd im Eingang und grüßt die Vorbeigehenden: »Come stai! Come stai! Bona sera, Signor! Bona serata, Signorina!« Es wird rege zurückgegrüßt. Man freut sich. Autos fahren vor. Paare steigen aus, um eine Tischbestellung zu machen. Der Chef flitzt vorbei, ruft, »Gleich, Signora!«, trägt Einkäufe rein, trägt eine Tischplatte raus, macht im Vorbeigehen Witze mit einem Pizza-Abholer, schwitzt.

Als er sich zu mir stellt, zieht er ein großes Taschentuch raus. »Am 17. März haben wir schon zugemacht. Samstag ist das zwei Monate her. Es muss jetzt was passieren! Morgen machen wir auf!« Damit ich richtig verstehe, was los ist, presst er den Daumen mit den Zeige- und Mittelfingern zusammen und beschreibt damit einen Kreis in der Luft. Öffnen ja. Aber die Öffnungszeiten halten sich vorläufig noch in Grenzen. Zu Mittag gibt es weiter den Abhol-Service. Abends wird das Restaurant nur von sechs bis zehn geöffnet sein. Das ist nicht viel, aber es ist ein Anfang. Man wird abwarten müssen und schauen, wie es weiter geht. »Es sind harte Zeiten, *Signora*. Da sind wir in hundert Tagen noch nicht raus. Aber Weihnachten vielleicht. Weihnachten wäre gut.« Er schaut mich zweifelnd an.

Auf dem Nachhauseweg steht ein Mann mitten auf dem Gehsteig. Soeben hat er seinen kleinen Sohn auf die Schultern gehievt und hält die Hände noch schützend hoch. Der Junge aber balanciert da oben, als ob es die natürlichste Sache der Welt sei. Die väterlichen Schultern sind ihm wohlvertraut. Da oben ist er sicher. Als er meiner ansichtig wird, hebt er die Fäustchen und ruft triumphierend: *Corona!*

Freitag, der 15. Mai
Aus Essen gehen

Ort: Quer durch den Kiez

Nun dürfen die Restaurants wieder ihre Türen öffnen und wir Anwohner, wir dürfen wieder reingehen und uns hinsetzen. Auf den Straßen keine kopfstehende Tische mehr, keine angeketteten Stuhlbeine. Heute bewegt sich der Kiez wieder ein Schrittchen Richtung wie-es-einmal-war. Entlang der Uhlandstraße werden schon früh die frischgebügelten Tischdecken aufgelegt, rotkarierte beim Italiener, blaue beim Russen. Der Wind bläst so kräftig, dass manche mitten auf die Fahrbahn fliegen. Zur Mittagszeit machen wir uns auf zum China-Restaurant. Zwischen anderen Leute zu sitzen und mit einem Getränk auf die Bestellung zu warten, scheint das Gebot der Stunde. Am Eingang unterrichtet uns der freundliche junge Mann jedoch, dass sie theoretisch zwar öffnen könnten, es dennoch nicht tun werden. »Mit den strengen Vorgaben sind bei uns nur vier Tische möglich«, meint er. Und was hat man dann? »Wenn wir Pech haben: eine Person an jedem Tisch. Das ist zu wenig, um die Grundkosten zu decken und es wird außerdem neue Probleme schaffen. Denken Sie nur, wenn einmal einer im Lokal sitzt, dann wollen alle sitzen. Essen mit Mundschutz geht nicht, also sitzen sie ohne am Tisch. Wenn dann jemand niest, und das kann schon vom scharfen Essen kommen, dann sitzen wir in der Tinte. Nein. Da wird nichts daraus!«

Beim indonesischen Restaurant am Ludwigkirchplatz sieht man das anders. Vor der Tür warten sechs kleine Holztische auf Gäste. Die Sonne scheint, die Vögel singen, die Besucher freuen sich ersichtlich, dabei zu sein. Der Chef trägt einen eleganten Mundschutz, passend zum Hemd. Sobald er an den Tisch tritt, setzen seine Gäste aus Respekt den eigenen kurz auf. Und, oh Wunder, das Essen, das er serviert, gefällt noch besser, als man es im Gedächtnis hatte. Am Tisch nebenan macht eine junge Frau eine Reihe Selfies und sagt feierlich hinüber zu unserem Tisch: »Diesen Moment will ich mir festhalten.«

Etwas Wichtiges ist geschehen. Mit der Öffnung der Lokale hat der Kiez heute einen höheren Gang eingelegt. Noch nicht den vierten und schon gar nicht den fünften, aber vom zweiten in den dritten zu schalten schafft bereits einen Moment des befreiten Aufatmens. An der Ecke zur Pfalzburger Straße hat sich eine große Gruppe junger Männer mit Biergläsern in der Hand niedergelassen. Die Stühle sind im Halbkreis auf den Gehsteig und den angrenzenden Straßenabschnitt gestellt. Die wenigen Autos manövrieren vorsichtig – man würde fast denken: nachsichtig – an ihnen vorbei. Beim Eisladen stehen aufgeregt die Kinder, kehren die Erwachsenen ihre Gesichter zur Sonne, beschnüffeln sich die Hunde, schauen die Nachbarn aus den Fenstern. Dem exzentrischen Leser in den zwanziger Jahren des zweiundzwanzigsten Jahrhunderts, der sich über unsere Erlebnisse im Zeitalter des ersten Corona-bedingte Stillstands des öffentlichen Lebens ein Bild machen möchte, möge gesagt sein, dass uns allen etwas Gemeinsames anhaftete. Wir taten, was man in Berlin sonst nur selten tut: Wir lachten uns gegenseitig zu.

Übergangsorte

Samstag, der 16. Mai
Die Uhlandstraße

Die Uhlandstraße, die Hauptgeschäftsstraße von Wilmersdorf, hat eine Länge von 3,1 Kilometern, was in Berlin eher wenig ist. Ihrem Wesen nach gleicht sie keiner gewachsenen städtischen Verbindung, welche die Engländer gerne *artery* nennen. Nichts Rundes oder Welliges tut sich dem Auge auf. Die Straße gleicht eher dem Rhein-Main-Kanal, der mit seinen vielen kurzen Stichgräben die übrigen Kanäle des Viertels senkrecht durchquert und mit ihnen Wechselbeziehungen unterhält. Die Geburt der Uhlandstraße war ein Strich mit dem Bleistift auf dem Millimeterpapier: schnurstracks von Nord nach Süd durch den Hopfenbruch. Der Strich verlief vom städtischen Steinplatz in Charlottenburg bis zum Dorfkern im Flecken Wilmersdorf, wo 1900 noch die Schafe gehütet wurden. Bald wanderten die durchnummerierten Parzellen vom Papier in die Hände der Bauspekulanten, die Bürgerhäuser mit protzigem Marmor und Stuck darauf errichteten. Deren Kunden ging es darum, einen repräsentativen Platz an der Sonne im neuen Westen zu ergattern. In den 1920er Jahren staunte Gabriele Tergit über die vielen rosa-marmornen Springbrunnen in den Eingangshallen der Zehn-Zimmer-Apartments, die Bärenfelle in den Herrenzimmern und das viele, schwerfällige Mobiliar. Die Uhlandstraße war die Straße der Neureichen. Kirchen und andere öffentliche Gebäude wurden hier nicht gebaut, Plätze ohnehin für nicht notwendig erachtet. Das entsprach nicht ihrem Sinn und Zweck.

Nach dem zweiten Weltkrieg blieb eine ruinenbestandene Straße mit zahlreichen Baulücken zurück, die lange vor sich hin vegetierten, bis sie ab den 1970er Jahren mit kastenartigen Konstruktionen angefüllt wurden. Es entwickelte sich die bescheidene Infrastruktur mit den vielen kleinen Geschäften, die heute die Uhlandstraße prägen: Kurzwaren, Lakritz, Tee, Schreibwaren, Papier, Blumen, Änderungsschneiderei, Reinigungen, Wäschereien, Zeitungskioske, Apotheken und Reisebüros. Der erste Italiener Berlins ließ sich mit einer Eisdiele an ihr nieder und gleich um die Ecke auch der allererste Grieche, der Berlin in die Geheimnisse des Ouzo und des griechischen Rundtanzes einweihte. Ihnen folgte im Laufe der Jahre eine wahre Vielfalt von Lokalen und Restaurants aus allen Windrichtungen. Heute sind es Russen, Polen, Tschechen und Franzosen, Spanier, Italiener und Armenier, Japaner, Chinesen, Indonesier, Vietnamesen und Thai, Türken, Syrer, Israelis und Libanesen, die das Viertel mit Essen und einem Hauch von Welt versorgen. Dennoch hat die Uhlandstraße kaum Flair, nichts von der Eleganz des Kurfürstendamms, den sie im oberen Viertel kreuzt. Wer es aber unternimmt, sie von Anfang bis Ende zu durchschreiten, den erwartet eine dichte Schicht historischer Sedimente, in der die Höhen und Tiefen des zwanzigsten Jahrhunderts unvermischt aufeinander liegen. Die großen Querstraßen – Kantstraße, Kurfürstendamm, Lietzenburger Straße, Hohenzollerndamm und Berliner Straße – welche die Uhlandstraße jeweils senkrecht durchschneiden, unterteilen sie in historische Abschnitte. Fünf davon wollen wir hier vorstellen.

1.

Auf der Ecke zum Steinplatz steht die Nr. 1. Es ist das erste und zugleich größte Haus der ganzen Uhlandstraße, ein Gründerzeitgebäude voller Stuck und Ornament. Über ihre verschiedenen Bewohner – preußische Offiziere, jüdische Gelehrte – ist etliches geschrieben worden. In den 1930er Jahren schaffte die neue Nazi-Elite durch Enteignung und Vertreibung der jüdischen Einwohner Platz für sich. Durch ein Wunder blieb das Haus vom Bombenhagel verschont. Ihm schräg gegenüber befindet sich die Nr. 197 und damit das letzte Haus der Straße, ein hässlicher Neubau, der eine große Lücke füllt. Die Berliner Zählung hat die Uhlandstraße fest im Griff. Rechterhand zählt sie eins, zwei, drei, vier und so fort, bis die hundert erreicht ist. Erst im fernen Wilmersdorf wird zur Gegenseite gewechselt und kehren die Nummern langsam zum Ausgangspunkt zurück. So stehen in diesem Abschnitt die 195, 196 und 197 den Anfangszahlen gegenüber. Noch eine Berliner Besonderheit: Linkerhand fielen die Bomben, die rechte Seite blieb verschont. Die Nr. 6 ist die Gründerzeit-Villa des Bildhauers Hertel mit Pallas Athena auf der Fassade. Zwei Friese voller nackter Nymphen erzählen von der klassischen Bildung und Gräkomanie des ersten Besitzers. Wo die Uhlandstraße die Kantstraße quert, zeugen vier moderne Eckhäuser davon, dass die Kreuzungen insgesamt ins Visier genommen und gründlich pulverisiert wurden.

2.

Kurz vor der S-Bahn-Brücke, wo die Botschaft Haitis passiert wird, verdecken moderne Hotels den alten Hinterhäusern die Sicht. Die Straße ist hier schmal und scheint ziellos vor sich her zu gehen. Plötzlich steht man auf dem weltläufigen Kurfürstendamm. Hier ist Raum, Licht und Fernblick, heute akzentuiert mit Mundschutz, soweit das Auge reicht: gepunktet, kariert, gestreift, geblümt, schwarz, rot, gelb und blau. Eine Frau im weißem Umhang trägt eine FFP-Maske, die gut zu ihrem weißen Schleier passt. Ein Mann auf einem goldenen Fahrrad kombiniert das kleine Schwarze mit einem Panamahut. Ein junger Tramp, schwerfällig mit Taschen beladen, zieht einen Schal bis über die Nase. Mundschutz ist wohl die Mode der Stunde und wird es auch noch eine Weile bleiben. Schwer vorstellbar, dass sich rechterhand, wo heute die Parfümerie Douglas ist, noch bis Kriegsende eine große, ländliche Gärtnerei befand. Nebenan sah die Reformpädagogin Tami Oelfken 1940 aus ihrem Fenster den Juden des Viertels zu, wie sie jeden Tag um vier Uhr nachmittags bis zur Sperrstunde den täglichen Einkauf zu bewältigen versuchten. Die Gestapo sprach von »Kurfürstendamm-Juden« und jagte sie vor sich her. Jüdisch war vor allem das angrenzende Wilmersdorf. Wer heute an einem stillen Wintertag die Uhlandstraße Richtung Süden betrachtet, kann im Mittagslicht, soweit das Auge reicht, die Stolpersteine blinken sehen. In den ersten Wochen des Lockdowns gehörte dies zu den neuen Stadtansichten, die ohne Gefahr für Leib und Leben in Augenschein genommen werden konnten (vgl. Abb. 21).

Abbildung 21: Die Uhlandstraße an der Einmündung Kurfürstendamm

3.

Der kurze Abschnitt bis zur Lietzenburger Straße ist auch gleich der dichteste. Hier befinden sich heute die Esslokale für die Ku'Damm-Touristen, die wohl in diesem Sommer zum ersten Mal ausbleiben werden. Mit den Nummern 173 und 175 stehen links auch gleich die protzigsten Stadthäuser Berlins. Ihre hohen Fassaden mit den grünmarmornen Säulen und Balkonvorsprüngen sind von Berliner Dauerbaustellen eingesäumt. Man muss schon ein paar Schritte zurücktreten, um sich vor Augen zu führen, dass sich vor dem Krieg genau hier das Herz des »little Orient« befand, eine mondäne Zeile, die sich quer durch das Viertel erstreckte. Gestaltet wurde sie von ägyptischen Jazzmusikern und Zirkusartisten, aserbaidschanischen Restaurantbesitzern, persischen Verlagshäusern, den ersten Anbietern eines echten Schaschliks vom turkmenischen Grill, dem Hindustan-Haus, einer indischen Moschee, einer ebenfalls indischen Sufi-Gemeinde, arabischen Kaffeehäusern und hochprozentigen Bars. In der Fasanenstraße, wo sich heute das Berliner Literaturhaus befindet, war das Islam-Institut mit einem Archiv, einer Bibliothek, einer Tanzfläche und einem Restaurant vertreten. Die Moschee wurde hinter dem Fehrberliner Platz von Ahmadiyya aus Lahore errichtet. Nicht weit davon entfernt, in der Sächsischen Straße 10, befand sich die Sufi-Gemeinde des Musikers Inayath Khan, ebenfalls aus Nordindien. Die Ecke war beliebt für ihren kosmopolitischen Stil und ihr orientalisches Flair und passte sich nahtlos in die »goldenen« Zwanziger ein. Joseph Roth rätselte bereits 1920 über die Osmanen, die sich über Nacht in waschechte Berliner verwandelt hatten. Ein Dezennium später sah Lev Nussimbaum den indischen Revolutionären beim Pläneschmieden zu. Berlin diente als Plattform für anti-koloniale Bestrebungen unterschiedlichster Art. Bereits 1922 verkehrten ca. 5.000 Studenten aus den britischen, französischen und russischen Imperien am Polytechnikum und der Berliner Universität. Es waren vor allem die Söhne (es gab auch einige wenige Töchter) der muslimischen Eliten aus Ägypten, Tunesien, Syrien und Palästina, Persien und Afghanistan. Aus Russland kamen die Söhne und Töchter der gelehrten Tatarendynastien. Die größte Gruppe stammte indes aus Britisch-Indien: 800 muslimische Adelige, dazu auch Hindu-Eliten, zogen jährlich nach Deutschland, um zu promovieren und Netzwerke aufzubauen, um anti-kolonialen Widerstand zu organisieren und sich auf die Unabhängigkeit vorzubereiten. Mit ihren jüdischen Nachbarn verstanden diese Muslime sich gut. Man kannte und vertraute sich. Nach dem Crash von 1923 entstand das Phänomen der muslimischen Studenten als Untermieter in den großbürgerlichen jüdischen Wohnungen rund um den Kurfürstendamm, wo sie als Freund der Familie adoptiert wurden, mit am Tisch aßen und am Wochenende zum Segeln, Wandern oder zum Tennisspiel verabredet waren. In der Moschee wurden bi-nationale Ehen vollzogen. In *Two Lives* hat der indische Autor Vikram Seth der jüdischen Familie Caro, in die sein Großonkel Shanti hineinheiratete, ein liebevolles Denkmal gesetzt. Neben den großbürgerlichen Haushalten bot die intensive Missionierung, die in den 1920er Jahren von indischen Missionaren in Berlin betrieben wurde, eine weitere wichtige Schaltstelle für die Herausbildung einer Wahlverwandtschaft zwischen Juden und Muslimen. Im Spektrum der Missionskommunikation entstanden Konvertiten und »Freunde des Islam«, aber auch lebenslange Freundschaften zwischen jüdischen Berliner Familien und muslimischen Familien in Lahore, Mumbai und Aligarh, begleitet von jeder Menge Liebschaften, Ehen und Nachwuchs. Es waren diese Verbindungen, die so manchen jüdischen Berlinern das Leben gerettet haben. Berlin nahm es ihnen nicht in Dank ab. Nach dem Krieg wurde die Erinnerung an *diese* Geschichte, zusammen mit den Spuren jüdischen Lebens in Berlin, für lange Zeit weggeschoben. Als in den 1960er Jahren die ersten »Gastarbeiter« aus der Türkei geholt wurden, meinte man sogar, dies sei der Anfang muslimischen Lebens in Berlin, obwohl die Moschee noch immer funktionierte, der Imam jeden Freitag im RIAS sprach und auf dem türkischen Friedhof am Columbiadamm die einst stadtbekannten Namen für alle sichtbar waren, die es wissen wollten.

4.

Hat man einmal die Lietzenburger Straße hinter sich, so beginnt der Abschnitt mit den kleinen Geschäften und ethnischen Lokalen, die der Uhlandstraße ihr heutiges Gesicht verleihen. Nichts Auffälliges ist dabei. Bis zum Hohenzollerndamm überwiegen die Imbisse und kleinflächigen Schaufenster, mit ein paar Ausnahmen. Schön ist es hier nicht. Obwohl baumbestanden, macht dieser Straßenabschnitt einen eher kahlen Eindruck; vielleicht, weil die Bäume erst neulich gepflanzt wurden, oder auch, weil die vielen Neubauten schlicht hässlich sind. Erst wer in die Pariser- und Ludwigkirchstraße hineinschaut, die beiden Stichkanäle, welche die Uhlandstraße nacheinander in kurzem Abstand kreuzen, erblickt die ursprüngliche Opulenz, mit der der Kiez bebaut wurde. Dort hinten befinden sich auch die Kunstgalerien und feinen Geschäfte, die davon zeugen, dass das Viertel noch immer zu den reichsten Berlins gehört. Hier lief Stella Goldschlag 1944 Tag für Tag die Straßen ab, den Blick an die oberen Fenster geheftet, einen Gestapomann an den Fersen: Pariser Straße bis zum Olivaerplatz – zurück durch die Ludwigkirchstraße und Fasanenstraße bis zur Lietzenburger Straße – wieder bis zum Olivaerplatz hoch und rechts über den Kurfürstendamm bis zum Ausgangspunkt zurück. Stella suchte die jungen Juden, die sich noch im Viertel versteckt hielten. Sie sah die verräterischen Bewegungen hinter den Vorhängen und erspähte ihre Gesichter in der Menge am Kurfürstendamm. Wer sie sah, erblasste und war verloren. Man kannte sich noch von der Schule her und die Hartnäckigkeit, mit der sie ihre ehemaligen Mitschüler aufspürte, hatte sich längst herumgesprochen. Trotzdem haben fünftausend dieser »U-Boote« bis Mai 1945 durchgehalten und damit überlebt. Kein Denkmal, keine Tafel erinnert heute an sie. Nur Stolpersteine markieren die letzten Wohnorte derer, die der Deportation nicht entkommen konnten. Zurück zur Uhlandstraße. Die Gespräche, die in »Ein Kiez geht durch die Krise« aufgezeichnet wurden, haben gezeigt, dass man hier nicht um solche Geschichten weiß. Hier hat man schlicht andere Sorgen. Zum täglichen Kampf ums Überleben sind seit nunmehr zwei Monaten die neuen Wortungetüme gekommen. Man hat sich mit Corona-Regeln, Corona-Maßnahmen, Corona-Schließungen, Corona-Preisen und Corona-Lockerungen abgemüht. Corona, die Krone, ist allem und jedem aufgesetzt worden. Man hat sie ausgehalten, ertragen und erlitten. Das Virus hat das vertraute Kiez-Leben auf dem Kopf gestellt. Trotz alledem haben alle die Türen wieder geöffnet, sind die Tischdecken aufgelegt worden, werden täglich die wechselnden Angebote auf die Tafeln geschrieben. Dieser Kiez hat schon viele verschiedene Brüche gesehen. Einige haben sie an dem Rand des Abgrunds gebracht. Auch wenn die heutigen Inhaber nicht um diese Geschichte wissen, so handeln sie doch innerhalb derselben Kulisse, wohnen in denselben Wohnungen, dekorieren dieselben Schaufenster, stellen ihre Werbeschilder auf demselben Pflaster auf. So und nicht anders fügen sie mit jedem Tag, den sie durchhalten, dem Sediment des Vergangenen ihre eigenen Erfahrungen hinzu.

5.

Im letzten Viertel, vom Hohenzollerndamm bis zur Berliner Straße, wird die Uhlandstraße zunehmend blasser und auf eine undefinierbare Art auch schmuddeliger. Vielleicht sind es die Dauercontainer, die irgendwann entlang der Straße abgestellt worden sind und nicht mehr von ihr loskommen. Vielleicht sind es auch die noch-nicht-bebauten Unterstücke mit den vielen schreienden Werbeplakaten. Die gute Einkaufsstruktur, welche die Güntzelstraße sich erhalten hat, reicht dennoch bis in die Uhlandstraße hinein. Dort, wo die beiden sich queren, gibt es noch einmal ein gewisses Flair. Danach gleitet die Straße in die Bedeutungslosigkeit ab. Auch die Berliner Straße kann da nicht mehr helfen: noch ein Blumenladen, das Lakritz-Geschäft, der Biomarkt, eine letzte Reinigung und damit ist endgültig Schluss. Die Hausnummern wechseln hier zur Gegenseite und kehren Schritt für Schritt zu ihren Ausgangspunkt zurück. Es folgt die Aue, die von 1685 bis 1900 die Dorfstraße von Wilmersdorf war. Wer sich in sie hineinbegibt, findet alte Bauernhäuser, versteckte Scheunen und ein kleines, hochbetagtes Gutshaus, angeordnet um eine ehemalige Bleiche, genauso wie in den Straßendörfern in Brandenburg. Dahinter erstreckt sich der Volkspark, einst schlammige Endmoräne der Berliner Seenplatte, Schwimmanstalt, Ausflugsort für durstige Berliner, Wiesengrund für die Schafe und Grenze zum Brandenburger Land. Heute in Corona-Zeiten findet in ihm täglich das neue öffentliche Leben zusammen, das sich aus Müttern mit Kindern, Senioren und Männern mit Bierflaschen zusammensetzt. Die fortdauernde Einschränkung unserer Öffentlichkeit, ihre beinahe Nicht-Existenz bleibt vorerst ein noch nicht besungener Tiefpunkt dieser Suche und für heute ebenfalls Endpunkt unserer Reise.

Literaturhinweise

Christoffel, Udo (Hg.). »Die Stadt«. In: *Berlin Wilmersdorf. Ein Stadt-TeilBuch* (Berlin: Kunstamt Wilmersdorf 1981), S. 121 – 142.

Jonker, Gerdien. »Crossroads«. In: *On the Margins. Jews and Muslims in Interwar Berlin* (Leiden und Boston: EJ Brill 2020), S. 27 – 80.

Jonker, Gerdien. *›Etwas hoffen muss das Herz‹. Eine Familiengeschichte von Juden, Christen und Muslimen.* Göttingen: Wallstein, 2016.

Nussimbaum, Lev (Kurban Said). *Das Mädchen vom goldenen Horn* (1937). München: Matthes & Seitz, 2001.

Oelfken, Tami. *Fahrt durch das Chaos. Logbuch von Mai 1939 bis Mai 1945.* Überlingen: Werner Wulf-Verlag, 1946.

Roth, Joseph. »Der Club der armen Türken« (Neue Berliner Zeitung, 30.6.1920), *Das journalistische Werk Band 1, 1915 – 1923* (Köln: Kiepenheuer & Witsch 2009), S. 223 – 224.

Seth, Vikram. *Two Lives.* London: HarperCollins, 2005.

Wyden, Peter. *Stella.* Göttingen: Steidl Verlag, 1993.

Mittwoch, der 20. Mai

Die Bendlerstraße

Die Bendlerstraße gibt es heute nicht mehr. Es gibt nur den Bendlerblock und die Bendlerbrücke. Der Block befindet sich in der Mitte der Straße. Die Brücke verbindet die beiden Seiten des Landwehrkanals an der Stelle, wo man, den Tiergarten im Rücken, die Straße bis zum Ende gelaufen ist. Sommer wie Winter kann das eine schwere Aufgabe sein. Was man da unter die Füße nimmt, ist nämlich die Stauffenbergstraße, die bis Ende des zweiten Weltkriegs noch Bendlerstraße hieß. Die Stauffenbergstraße ist nicht zum Flanieren geeignet, keine wohnliche Straße, ohne Bäume und Schutz, eine Strecke aus der Not geboren, deren hervorstechendstes Merkmal ist, dass sie Zugang zu einem der wichtigsten Erinnerungsorte Deutschlands gibt (vgl. Abb. 22).

Die Physiognomie der Stauffenbergstraße ist die der Abgrenzung. Rechterhand ist sie völlig eingezäunt von Eisenstangen und Gittern. Vom Tiergarten her kommt zuerst das scharfe, hohe Gestänge der österreichischen und der ägyptischen Botschaft. Sodann folgt der Bendlerblock, der Sitz der Obersten Heeresleitung, der dem Kaiser, der Weimarer Republik, dem Nationalsozialismus und schließlich der Widerstandsgruppe, die am 20. Juli 1944 gegen das nationalsozialistische Regime vorging, Obdach bot. Der Bendlerblock ist ein unfrohes Gebäude, das aus schweren Granitquadern besteht und einen gedrückten Zugang zu dem Innenhof bietet, wo sich heute die Gedenkstätte Deutscher Widerstand befindet. Wer sich hereinwagt, erblickt die Granitschwelle, den gefesselten Mann und den Ehrenkranz, denkt vielleicht an die letzten Zeilen, die Helmut von Moltke an seiner Frau Freya schrieb: »Meine Seele ist im tiefsten Grunde sehr wohl geborgen, nur die Oberfläche zittert von Zeit zu Zeit«, weiß, angesichts der Übermacht, um die Nichtigkeit seines Widerstandsakts und bleibt betreten zurück.

Nach dem Bendlerblock nimmt das Gestänge seinen Rhythmus wieder auf. Die restliche Straße gehört dem Verteidigungsministerium und das Terrain hinter den Stäben ist völlig durchasphaltiert worden, wohl auch wegen des Großen Zapfenstreichs, der hier bis vor kurzem jährlich stattfand. Der letzte Große Zapfenstreich ist gar noch nicht so lange her. Am 15. August 2019 verabschiedete sich die Bundeswehr von Ursula von der Leyen, die darum bat, die Militärkapelle möge für sie *wind of change* von den Scorpions spielen. Ein halbes Jahr später folgten die Änderungen, welche unsere Gesellschaft im Augenblick aus der Bahn geworfen haben. Die Ministerin wird sicherlich an andere Änderungen gedacht haben, als sie ihre Bitte äußerte, aber was sich seitdem vollzogen hat, ist so gravierend, dass man sich fragen kann, ob hier ein Zapfenstreich je noch stattfinden wird.

500 Meter Länge misst die Stauffenbergstraße. Rechterhand befinden sich vier Gebäudekomplexe, linkerhand nur drei. Sie sind auf eine Weise angeordnet, die nicht hinsehen lässt und den Spaziergänger eher dazu verführen, sich so schnell wie möglich zu entfernen. Es kostet tatsächlich einige Anstrengung, innezuhalten und sich vor Augen zu führen, wie die Straße vielleicht einmal ausgesehen hat. Stadtpläne, Fotos und Augenzeugen sind dabei behilflich. In *Berliner Kindheit um Neunzehnhundert* berichtet Walter Benjamin zum Beispiel, dass es ihm einmal im Leben gelungen sei, sich in Berlin zu verirren. Das war 1926 und verirren tat er sich in der Bendlerstraße, irgendwo zwischen der Bendlerbrücke und den Statuen von Luise und Friedrich-Wilhelm, die am Ende der Straße noch immer im Tiergarten stehen. Nicht dass er nicht wusste, wo er sich befand. Der erwachsene Mann wurde lediglich dort dem Kinde erinnerlich, das er einmal gewesen war und vermochte so, auf der Suche nach der verlorenen Zeit, für einen Moment der Gegenwart zu entschlüpfen.

Das Kind Walter war nämlich nicht weit von dort am Magdeburger Platz aufgewachsen, wo der Vater eine Apotheke führte und er seine ersten Eindrücke sammelte. Vom Magdeburger Platz konnte man die Bendlerbrücke schon sehen. Wie Benjamin schreibt, stürmte dieser Walter jeden Tag zum Tiergarten, zuerst über die Brückenwölbung, die ihm bereits wie ein Hügelrücken vorkam, und dann durch die dahinterliegende Straße bis zum Park. Sein Ziel waren Luise und Friedrich-Wilhelm auf ihren Sockeln. Dort verträumte er die Zeit und schwärmte von den Geheimnissen, die er noch nicht zu durchdringen vermochte, vor allen Dingen von dem Geheimnis, das man Liebe nannte. Walters Weg führte ihn nicht nur in das Traumland eines Adoleszenten, sondern auch immer wieder an die einundvierzig kleinen und großen Villen vorbei, die in tiefen Gärten entlang der Bendlerstraße standen. Das waren Häuser mit freundlichen Butzengläsern und kleinen Vortreppen, die bereits Mitte des neunzehnten Jahrhunderts errichtet worden waren, gebaut für das biedermeiersche Familienleben, später angepasst an die Repräsentationsnotwendigkeiten der Diplomaten, die um die Ecke in der Tiergartenstraße ihren Geschäften nachgingen.

Diese Welt, die Benjamin mit Kinderaugen erlebte und mit seinen erwachsenen Augen noch immer sehen konnte, ging nur kurze Zeit später unwiderruflich verloren. Zuerst schwenkten die Nazis den Abrisskugel, um das Tiergartenviertel zum gigantomanischen Zentrum des Dritten Reiches umzugestalten. Der Bombenhagel, der anschließend im Krieg darauf niederging, ließ nur noch Trümmer übrig. Als die Kapitulation endlich unterzeichnet worden war, standen von den ursprünglich 529 Gebäuden des Viertels noch 49 Ruinen. Die Militäranstalt in der Bendlerstraße, die heute als Gedenkstätte des Deutschen Widerstands dient, war eine davon. Die übrigen Gebäude, die einen heute dazu anspornen, so schnell wie möglich daran vorbei zu gehen, wirken wie von einer Riesenhand auf einem Schachbrett herumgeschoben. Ihre Zäune, Stäbe und Gestänge sind nur Riesen-Ornament.

Heute morgen um 9.30 Uhr wirkte die Stauffenbergstraße wie ausgestorben. Ein orangener Müllwagen fuhr die Tonnen ab. Auf dem Parkplatz des Ministeriums stand eine Handvoll Autos. Mitten auf der Bendlerbrücke stehend, sah ich dem Schöneberger Ufer und dem Reichspietschufer dabei zu, wie sie verlassen in der Sonne lagen. Ein Bus durchquerte die Sonnen- und Schattenpartien Richtung Zentrum. Die Kastanien streuten ihre Blüten auf die Fahrbahn. Auf dem *mobility index* mag Berlin mit 26 Prozent ihres ursprünglichen Verkehrsaufkommens im Augenblick zu den meistbefahrenen Städten der Welt gehören, auf der Brücke merkte man nichts davon. Vor mir lag die Straße, in der einst ein Mann seine Kindheit verlor, und der kurz danach das Rückgrat gebrochen wurde. Sehen tat man das alles nicht. Es war für die Beobachterin eine hilfreiche Ausgangslage, um in den Schemen der Vergangenheit die Konturen der sich herausschälenden Gegenwart besser zu verstehen, oder sie auch nur im Ansatz erahnen zu können.

Abbildung 22.1-2: Anfang und Ende der Stauffenbergstraße

Literaturhinweise

Benjamin, Walter. *Berliner Kindheit um Neunzehnhundert* (1950). Frankfurt a.M.: Fischer, 2019.

Wehry, Kathrin. *Quer durchs Tiergartenviertel. Das historische Quartier und seine Bewohner.* Berlin: Michael Imhof Verlag, 2019.

Samstag, der 23. Mai
Die Friedrichstadt

Die fehlende Öffentlichkeit bekümmert mich zunehmend. Zwar gibt es nach wie vor den öffentlichen Raum, gibt es die Berliner Straßen und Plätze, wo man sich im Augenblick im Slalom ausweicht oder aber auf Konfrontationskurs geht. Es gibt die Wochenmärkte, wo man sich grüßt und über Abstände hinweg Gespräche führt. Seit dem 22. April gibt es auch wieder die Läden, in denen man verhüllt um Mund und Nase einen verschluckten Austausch pflegen kann. Und seit einer Woche ist da noch die kleine Öffentlichkeit hinzugekommen: die Lokale, die mit Stühlen und Tischen im Freien werben. Bei Letzteren geht es ums gemeinsame Essen, um das gemeinsame Anstoßen, und vor allem um das gemeinsame Reden bei Tisch, kurzum, um die private Geselligkeit im öffentlichen Raum. Was aber schmerzlich fehlt, sind die Orte, wo wir das Eigene und das Dritte mit Unbekannten teilen; wo vorgetragen, diskutiert, musiziert, inszeniert, gespielt, aufgeführt, unterrichtet, vermittelt und demonstriert wird; wo Ungeahntes und Meinungen, die nicht unbedingt die eigenen sind, gehört werden können; wo man sich unter Umständen schütteln lässt; von wo wir anders nachhause kommen als wir hingegangen sind. Das alles gehörte früher zur Öffentlichkeit. Es ist sie, die jetzt überall fehlt.

Am Anfang dieser Öffentlichkeit stand die öffentliche Geselligkeit, nicht nur, aber auch in Berlin. Um 1800 kamen die Berliner zum ersten Mal bei Tee und Rum zusammen, um sich im größeren Kreis auszutauschen. Zu den Anfangsbedingungen gehörten ein privates Empfangszimmer, eine Gastgeberin, junge Leute aus verschiedenen

Gesellschaftsschichten, die aufeinander neugierig waren, sowie die gemeinsame Überzeugung, dass man sich im Gedankenaustausch weiterbilden könne, dass man sogar gemeinsame Ideen und Vorstellungen entwickeln könne, die dem Land voran helfen würden. Das war der Salon. Von Demokratie war da noch nicht die Rede, man tauschte sich lediglich aus. Daraus erwuchsen im Laufe der Zeit die Vereine, die Lesegesellschaften, die Frauen- und Jugendbewegungen, die Parteien und die Gewerkschaften, in denen der Gedankenaustausch gepflegt wurde. In jüngerer Zeit kamen da noch die halb-öffentlichen Orte hinzu, an denen gelehrt und gelernt und in Konflikten vermittelt wurde; wo man zusammensaß, die Körpersprache des anderen las und versuchte, eine gemeinsame Ebene zu finden. Was hatten die Tee- und Rumtrinker bloß angestellt, dass sie eine solche Bandbreite entfachten? Und gibt es einen Hebel, um den Prozess wieder in Gang zu setzen? Es ist an die Zeit, sich auf die Suche zu begeben.

Wo lässt sich in Berlin nach Spuren öffentlicher Geselligkeit suchen? Eine Möglichkeit ist es, Menschen auf der Straße – Müßiggängern, Shoppern, Terrassenbesuchern – zuzuschauen, um in Erfahrung zu bringen, was sie mit ihrer Freiheit tun. Eine andere ist die Suche nach Orten, wo die Berliner Geselligkeit einst einen Anfang nahm, wo Brüche und Umbrüche stattfanden, wie sie uns jetzt auch ins Haus stehen. Beide waren früher in der Friedrichstadt zuhause. Ich begebe mich dorthin, um einmal nachzuschauen.

Der Tag der Erkundung ist ein Samstag und die Zeit 12.00 Uhr mittags. Die Route ist vorher festgelegt. Start ist das kurze Stück der Mauerstraße, das von der Leipziger Straße in das Viertel sticht. Von dort geht es durch die Kronen-, Mohren-, Tauben-, Jäger-, Französische- und Behrenstraße, bis alles restlos durchquert worden ist. Insgesamt kreuzt die Route sechs Mal die Friedrich-, die Charlotten- und die Markgrafenstraße, und an zehn Straßenecken wird eine Kurve von 90 Grad gemacht. Als Endpunkt ist die verlängerte Behrenstraße an der Ecke zum Tiergarten bestimmt. Es ist also kein Flanieren, sondern eine strikte Erkundung, die hier begangen wird (vgl. Abb. 23.1).

Was in der Friedrichstadt zuallererst ins Auge springt, ist ihr eigenartiges Schachbrettmuster, das seine Prägung von einem König empfing. Um 1700 entwarf Friedrich I. das Viertel zwischen der Stadtmauer und dem Wall, der damals noch den Schlossbezirk umlief. Damit der Handel in Berlin Aufwind bekommen würde, hatte er Migranten aus Frankreich und der Schweiz zu sich geladen. Als sie dann kamen und auch irgendwo wohnen sollten, zeichnete er schlichte Linien in den brandenburgischen Sand. Gemessen wurden 800 x 800 Meter, oben von den Linden und unten von der Landstraße nach Leipzig begrenzt, darin senkrecht die Mauer-, Friedrich-, Charlotten- und Markgrafenstraße und horizontal die Behren-, Jäger-, Tauben-, Mohren- und Kronenstraße. Daraus ergaben sich vierundzwanzig exakte Quadrate, militärisch in Reih und Glied. Das Viertel selber wurde von den Migranten errichtet. Es wäre mit Recht das Franzosenviertel getauft worden. Aber Mitspracherecht in solchen Dingen hatten die Migranten mitnichten. Also wurde eine Friedrichstadt daraus. In ihrer Mitte errichteten sie eine französische und eine schweizerische Kirche, das Konzerthaus dazwischen und die Akademie der Wissenschaften gerade gegenüber. Im zweiten Weltkrieg ist zwar alles kaputt gegangen, aber heute sieht es auf dem Gendarmenmarkt wieder genauso aus.

Von den 1.054 Häusern, die die Franzosen errichteten, stehen heute genau noch drei. Das ist das Karree mit den gelben Pfarrhäusern Ecke Tauben- und Mauer- (heute Glinka-)straße. Wer das Viertel abschreitet, findet stattdessen preußische Gotik und DDR-Plattenbauten in trauter Zweisamkeit, dazwischen kleine Empire-Häuser mit griechischem Ornament, neu errichtete Appartementgebäude für Diplomaten und höhere Beamte, dazu noch ein paar letzte Lücken mit umkleideten Baukonstruktionen. Bundesministerien, Bildungsakademien, Stiftungen, Hotels, Immobilienunternehmen, Sportzentren und Autovermietungen haben sich in das Viertel eingenistet und verleihen dem Ganzen einen Eindruck von Unbewohntheit. Dennoch. Bei früheren Besuchen waren die Straßen immer voll (vgl. Abb. 23.2-3).

Entlang der Straßen finden sich zwar viele Kaffeehäuser und Lokale, an diesem Tag aber sind sie fast alle leer. In der Friedrichstraße wirken die Läden verlassen. An diesem Samstag fährt kein Auto, geht kaum ein Mensch dahin. Auf dem Hausvogteiplatz ist statt Autoreifen ein Plätschern zu hören und die Tauben, die am Brunnen sitzen, gurren laut vor sich hin. Ein dicker Taubengeruch erfüllt die Luft. Die Kronenstraße durch, in die Mohrenstraße herein, über die Taubenstraße wieder zurück: das Bild bleibt sich gleich, abwechseln tun sich nur die Häuserfronten. »Verkündung der Reisefreiheit« steht irgendwo im Fenster geschrieben. Gemeint ist aber die von 1989, nicht die Herbeigesehnte für den kommenden Sommer. Bummeln – die kleine Reisefreiheit – scheinen hier nur wenige wahrzunehmen. Es fehlen die Anwohnenden. Es fehlt auch das große Berliner Publikum. Auch wenn Touristen erst nächste Woche wieder Berlin besuchen dürfen – wo sind die Berliner denn alle hin? Mir kommt ein düsteres Bild davon, wie sie zuhause gerade die elektronischen Bestellungen abschicken, um sich anschließend wieder in die Kachelkommunikation zu versenken (so hat Ines Geipel die um sich greifenden Bildschirmkonferenzen genannt). Diese taubengurrende Leere – wird das die Stadt der Zukunft sein?

Rechts oben in der Ecke, am Ende der Französischen Straße, steht verlassen in der Sonne die Barenboim-Said-Akademie. Der Eingang zum Konzertsaal ist verschlossen, aber aus den oberen Fenstern weht Musik. Es wird noch geübt in der Akademie, Hörner und ein Cello klingen hinüber. Wann wird denn wieder die Eröffnung sein? Bis die Öffentlichkeit aufhörte zu existieren, machte die Akademie uns vor, was keine andere vermag: Sie koordinierte das Zusammenspiel von Israelis und Palästinensern auf der Suche nach einem musikalischen Kontrapunkt. »Jeder ist ein ›anderer‹«, schrieb Daniel Barenboim kürzlich, »aber erst zusammengenommen bilden sie eine vollständige Einheit. Musik erzählt nie eine einzige Erzählung. Es gibt immer Dialog oder Kontrapunkt.« Für eine solche Suche ist die atmende Gegenwart der »anderen« schlechthin unabdingbar. Was sie braucht, ist das gemeinsame Üben, die gemeinsamen Auftritte und ein lebendiges Publikum, auf das die Spannung überspringt. Eine Kachelkommunikation reicht da niemals aus.

»Nichts bleibt. Und ist man nicht veränderlich, so muß man sich so machen«, schrieb Rahel Levin 1793 an einen Freund. Damals wohnte sie, 22 Jahre alt, bei den Eltern in der Jägerstraße 54 oberhalb vom Bankhaus Levin, wo sie »tout Berlin« – die bereits genannten Tee- und Rumtrinker aus allen gesellschaftlichen Schichten – in ihrer Dachstube empfing. Die Änderungen, die ihr vor Auge schwebten, umfassten, neben einer gesellschaftlichen Öffnung hin zur bürgerlichen Gesellschaft, auch die eigene Person. Ihre ersten Briefe schrieb sie noch in hebräischen Buchstaben. Um 1790 zogen die Levins vom Spandauer Viertel, wo die meisten Juden wohnten, in die Friedrichstadt. Das war ein enormer gesellschaftlicher Aufstieg. Zu etwa derselben Zeit schrieb der Aufklärer und Verleger Friedrich Nicolai über die Juden in Berlin: »Seit einiger Zeit arbeitet man daran, ihnen eine bessere bürgerliche Verfassung zu geben. Die reichen Häuser haben nützliche Fabriken und Manufakturen angelegt und führen ansehnliche Wechselbanken.« Damit waren auch das Bankhaus Levin und das der Mendelsohns in der Jägerstraße gemeint. Rahel Levin befand sich just an der Schwelle von Diskriminierung zur gesellschaftlichen Akzeptanz. Sie schaffte sich indes einen eigenen Zugang zur Gesellschaft, indem sie andere zum Nachdenken animierte. Da oben in der Jägerstraße wurde das gesellschaftliche Debattieren erfunden, das für unser Verständnis von Öffentlichkeit prägend gewesen ist.

Rahel Levin, die spätere Rahel Varnhagen, hat wie keine andere die Friedrichstadt geprägt. Sie liebte das Viertel und das Viertel liebte sie zurück. Außer in der Jägerstraße wohnte sie in der Behrenstraße (an zwei verschiedenen Adressen), der Französischen Straße, der Charlottenstraße und der Mauerstraße. Als sie 1833 starb, hatte sich der Nationalismus breit gemacht und war es mit der Liebe Schluss. Dennoch hatte sie eine ganze Generation Berliner dazu ermutigt, sich des eigenen Verstandes zu bedienen, mit einander zu reden und sich zuzuhören. Ihre Ziele waren die der Aufklärung: Auszug aus der (politischen) Unmündigkeit und gesellschaftliche Gleichstellung – von Männern und Frauen sowie von Christen und Juden. Und sie wusste, dass sich dies nur durch die Zusammenführung von Menschen, durch ihre leibhaftige Nähe, bewerkstelligen ließ.

Abbildung 23.1: Die Friedrichstadt um 1700

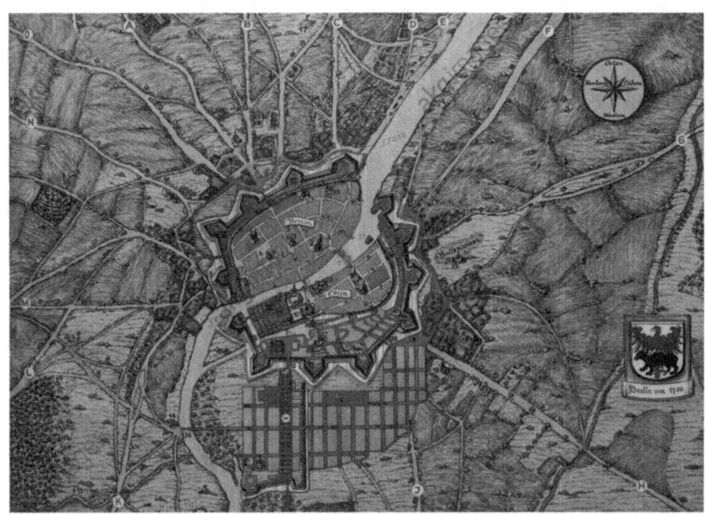

Abbildung 23.2-3: Der Gendarmenmarkt und die Friedrichstraße

Literaturhinweise

Barenboim, Daniel. »Nur Verstehen führt zur Freiheit«. *Frankfurter Allgemeine Zeitung* (12.05.2020).

Geipel, Ines. »Augen schauen dich an«. *Frankfurter Allgemeine Zeitung* (6.05.2020).

Friedrich Nicolai, *Wegweiser für Fremde und Einheimische durch die königl. Residenzstädte Berlin und Potsdam* (1793) (Hildesheim: Olms, 1987), S. 52.

Schleiermacher, Friedrich. *Über die Religion. Reden an die Gebildeten unter ihren Verächtern (1799)*. In: Kritische Gesamtausgabe, I. Abt. Bd. 2: Schriften aus der Berliner Zeit 1769-1799, herausgegeben von Günter Meckenstock (Berlin/New York: Walter de Gruyter, 1984), S. 185 – 326.

Varnhagen von Ense, K.A. (Hg.). *Rahel. Ein Buch des Andenkens für ihre Freunde. Erster Teil.* Berlin: Bei Duncker und Humblot, 1834.

Mittwoch, der 27. Mai

Die Friedhöfe am Halleschen Tor

Südstern an einem lauen Sommertag. Aus der U-Bahn kommend steht man hinter der grauen Kirche, die von breiten Straßen umgeben ist. Geradedurch geht die Gneisenaustraße Richtung Mehringdamm und Schöneberg. Links davon liegt der Bergmann-Kiez, genannt nach der Hauptstraße, der dem Kiez sein Flair verliehen hat. Die heutige Route geht quer durch den Bergmann-Kiez, von den Friedhöfen an der Bergmannstraße bis zum Halleschen Tor, wo ein zweites Friedhofsgrundstück verborgen liegt. Hinter der Kirche führt ein Trampelpfad Richtung Bergmannstraße. Das Getreide, das überall in Berlin die Blumenbeete ersetzt hat, biegt sich geschmeidig im Wind.

Am Anfang der Bergmannstraße erstrecken sich linkerhand die Friedhöfe ca. 500 Meter an der Straße entlang bis zum Marheinekeplatz. Wir befinden uns auf altem Gelände. Seit Mitte des achtzehnten Jahrhunderts wurden hier die Toten der Jerusalem- und Neuen Kirchgemeinde, der Friedrich-Werderschen Kirchgemeinde und der Dreifaltigkeitsgemeinde beigesetzt, bis die Mauer sie von ihren Friedhöfen abschnitt. In der Mauerzeit verwaltete Westberlin die Grundstücke und erweiterte ihre Benutzung für Anwohner. Es sind noch immer drei Friedhöfe, voneinander zwar durch hohe Mauern getrennt, aber zur Straße hin erlauben sie ungewöhnliche Einblicke. Man schaut durch die verrosteten Gitterstäbe auf Steine und griechische Kapellen, die ihr Antlitz der Straße zugewandt haben. An der Kapelle der Jerusalem- und Neuen Kirchgemeinde, die einst in den Dom gegenüber vom Berliner Schloss zum Gottesdienst ging, steht geschrieben, »Es ist noch eine Ruhe vorhanden dem Volke Gottes.« Paulus‹ Brief an die Hebräer, Vers 4,9. Es ist ein imposantes Gebäude aus rotem Backstein mit einer Treppe und vier rot-marmornen Säulen, welche den Trauernden einen zeremoniellen Eintritt in die Halle erlaubt. Eine Allee aus Eichen lädt zum Verweilen ein. Das Goethe-Wort »Über alle Gipfeln ist Ruh« ist hier am Platz.

Am Eingang des Friedrich-Werderscher-Kirchhofes warten acht schwarzgekleidete Herren auf Kundschaft. Die lässt auf sich warten. Verstohlen rauchen sie noch eine und ziehen kurz die Jacken aus. Die Türen der Kapelle stehen weit geöffnet, Licht flutet von oben herein. Ein Engel badet am Eingang in einer grünen Oberlichtbrechung. Direkt daneben, im anderen Teil der Kapelle, macht eine Kaffeerösterei rege Geschäfte, nur durch ein Gartentürchen vom Begräbnis-Geschehen getrennt. Hier ist der Kiez zuhause, sitzt in der Sonne bei Kaffee und Zeitung und genießt die Ruhe. Geredet wird nur wenig. Kaffeeduft erfüllt die Sommerluft. Irgendwann hört man das Knirschen vieler Schuhe auf dem Kies. Die erwartete Begräbnisgesellschaft ist offensichtlich endlich eingetroffen.

Am Eingang der Dreifaltigkeitsgemeinde, Bergmannstraße 29, warten Mütter mit Kinderwagen und einer ganzen Kinderschar, bis sie vollzählig beisammen sind. Dann strömen alle in die Kastanienallee, die von der Friedhofskapelle ins Friedhofsinnere führt. Auch auf diesem Friedhof ist der Kiez zuhause. Er ist für sie zum Spazieren, Spielen und Schwatzen da. Im Aushang am Tor werden zudem Kurse angeboten: »Die Kunst des Abschieds« und »Gräber schmücken« sind Fertigkeiten, die man hier erlernen kann.

In der Grünanlage am Marheinekeplatz sitzt die Kiez-Szene zusammen und trinkt ein morgendliches Bier. Ich bleibe stehen und schaue hin. Ein blasser Mann im Unterhemd kommt mit schwingenden Armen auf mich zu. »Mal ›ne Frage! Was machen Sie da gerade? Haben Sie uns eben durchgezählt?« Ihn begleitet ein älterer Herr mit einer Cola-Flasche in der Hand. Er nickt bestätigend. »Ich frage«, nimmt der erste den Faden wieder auf, »weil, manche hier meinen, ›das Gesindel muss weg‹. Das ist eine Unverschämtheit! Wir sitzen hier einfach ganz friedlich in der Sonne und unterhalten uns, statt in der Bude zu hocken.« Nach dieser Ansprache kommt der Redestrom ins Stottern. »Das hier ist mein Kumpel«, sagt er noch und weist mit der Hand auf den älteren Herrn. Ich zeige ihnen meine schnelle Skizze vom Platz und erkläre, was ich mache. Aha. Nein, auf den Friedhof gehen sie eher nicht. »Wir doch nicht!« Wir grüßen uns recht freundlich zum Abschied.

In der angrenzenden Markthalle ist noch wenig Betrieb. Aber die Zeichen stehen auf einen für später erwarteten Groß-Verkauf. Es stapeln sich die Käse und Würste in den Auslagen und die Obstbecher stehen hoch aufgetürmt vor den Ständen. Im Vorbeigehen notiere ich: Die Preise sind tatsächlich nicht jedermanns Sache. Der Tee, der Kaffee, das Eis und die Süßigkeiten, alles für ein gut gefülltes Portemonnaie gedacht.

Am Ausgang der Halle, dort wo die Bettlerinnen sind, geht es rechtsherum in die Zossener Straße. Es schlägt gerade Mittag und wer mitten auf dem Fahrdamm geht, sieht am Ende der Straße das rote Ungetüm der Heilig-Kreuz-Kirche wie eine Fata Morgana über die Häuser aufgetürmt. Entlang der Straße ist ein gediegener türkischsprachiger Mittelstand zuhause. Auch Inder, Nepalesen, Spanier und ein Thai, das Backhaus Liberda, die Kosmetik Bei Ismael, ein Samen- und Nussgeschäft, ein Mini-Market sowie Flügel und Klaviere zum An- und Verkauf tragen ihr Steinchen zur Infrastruktur bei. Diese Straße muss gänzlich ohne Bäume auskommen, dafür ist sie mit vielen Baustellen ausgestattet. Wenn der Autoverkehr wieder voll dahin brummen wird, könnte es hier ganz schön stressig sein. Der ganzen rechten Häuserzeile fehlt es zudem an Balkonen. Torbögen geben in regelmäßigen Abständen den Blick auf hintereinander gelegene Hinterhöfe frei. Dort, wo früher die Handwerker zuhause waren, wohnen jetzt die arrivierten Zuwanderer. Vielleicht sind hier die Mieten noch erträglich? Obwohl. Der Bergmann-Kiez. Mir kommt ein leiser Zweifel, ob.

Am Ende der Zossener Straße geht links die Baruther Straße ab, deren hervorstechendstes Merkmal die Graffiti-bewährte Außenmauer der »Friedhöfe am Halleschen Tor« ist. Dieser Friedhofskomplex hängt eng mit jenem an der Bergmannstraße zusammen. Um 1800 wurden hier schon rege Gräber ausgehoben. Als sich das Gelände dann langsam füllte, kauften die Kirchgemeinden die Felder an der Bergmannstraße dazu. Die Graffiti-Wand erstreckt sich indes von der Zossener Straße bis zum Mehringdamm. Große blaue und silberne Muster bieten sich dem Betrachter, auch schwarze Glyphen und Kringel darunter, aber Bildliches ist nicht dabei. Man sieht bloß, dass die Sprühfarbe nicht gut an den Kalk- und Sandstein-Quadern haftet, aus denen diese Mauer einst geformt worden ist. Das war bereits Mitte des achtzehnten Jahrhunderts. Vielleicht ist sie sogar eine der ältesten Gemäuer Berlins.

Über die Graffiti-Mauer ragen manchmal recht große Denkmäler empor, Tempel mit einem Kreuz auf dem Dach, auch griechische Zinnen aus rotem Ton, im Krieg kaputt geschossen und im Laufe der Zeit mit Goldrute überwuchert. Ich passiere einen verschlossenen Hintereingang. Das offizielle Eingangstor befindet sich ganz auf der anderen Seite, am Mehringdamm neben der Friedhofskapelle, in der der Sarg von Rahel Levin ab 1833 bis 1864 über der Erde stand. Die damalige Friedhofsverwaltung empfahl sich nämlich mit einer neuen Maschine, die Scheintote aufzuwecken wusste. Und da dies Rahels letzter Wunsch gewesen war, wurde ihr Leichnam der Machination ausgesetzt. Warum sie hernach für so lange Zeit nicht unter die Erde gebracht wurde, bleibt ein Mysterium, das wahrscheinlich nur ihre Nächsten lösen können.

Wer die »Friedhöfe am Halleschen Tor« betritt, steht sogleich auf dem Jerusalem- und Neuen Kirchfriedhof. Das war also der Todesacker der Domgemeinde gegenüber vom Berliner Schloss. 1734 kaufte die Gemeinde hier ihr erstes Grundstück außerhalb der Stadtmauer, den Jerusalem- und Neuen Kirchfriedhof I, der hinten auf dem Grundstück an der Baruther Straße ausgestreckt liegt. Was den Besucher dort erwartet, ist Berliner Geschichte aus der Zeit, als es noch einen König und ein Schloss dazu gab. Entlang der Alleen und in den Ilex-Wucherungen ragen überall griechische Tempel, barocke Engel und

Säulengänge empor. Man liest die Namen und realisiert allmählich, dass der Hofstaat, die Kammergerichtsräte und die Professoren der Akademie alle zu dieser Gemeinde gehörten und hier versammelt sind. Auf diesem Friedhof liegen Generationen Damen und Herren vom Hofe sowie die Spitze des preußischen Beamtentums standesgemäß begraben. Die Friedhofsverwaltung sorgte über Jahrhunderte dafür, dass dieses Ensemble auch so erhalten blieb.

In der Mitte, an drei Seiten von den Domleuten umgeben, aber dennoch durch hohe Mauern von ihnen getrennt, befindet sich seit 1734 der Dreifaltigkeitsfriedhof. Er umfasst die schlichten Kreuze und Steine, unter denen die letzten Aufklärer gebettet worden sind. Einst gehörte dieser Friedhof zur Dreifaltigkeitsgemeinde. Die Kirche existiert heute jedoch nur noch auf dem Papier. Sie stand lange in der Friedrichstadt an der Ecke Mauer- und Kronenstraße. Ihre Prediger, darunter Friedrich Schleiermacher, wohnten eine Häuserzeile weiter in den noch erhaltenen Häusern aus der Hugenottenzeit. Schleiermacher war ein Aufklärer und in den Salons zuhause und seine Gemeinde war es ebenso. Um 1800 kaufte die Dreifaltigkeitsgemeinde diese Begräbnisstätte am damaligen Stadtrand, am Ende der Friedrichstadt gegenüber der Belle Alliance. Es war ein von Mauern umschlossener Hof, der nicht mehr als 80 x 80 Meter misst und heute mit Abstand der kleinste Friedhof in Berlin ist. Mitte des achtzehnten Jahrhunderts erwarb die Gemeinde dann noch einen zweiten Friedhof an der Bergmannstraße und brachte fortan ihre Toten dorthin. Und so kommt es, dass auf dem kleinsten Friedhof Berlins überwiegend Tote liegen, die vor 1850 begraben worden sind.

»Religion ist ein Gefühl«, sagte Schleiermacher von der Kanzel und er zog mit seinen Ansprachen ein außergewöhnliches Publikum an. Das von ihm benannte Gefühl schaffte gleitende Übergänge zwischen den Konfessionen, zwischen Protestanten und Katholiken und zwischen Juden- und Christentum. In diesem Hof liegt seitdem beisammen, wer sich davon inspirieren ließ: Moritz, Ludwig und Clara Louise Heine, Rahel und Karl August Varnhagen, der geniale Felix Mendelsohn, die Komponistin Fanny Hensel und Wilhelm Hensel, der

Bildhauer. Schleiermachers Gemeinde war eine Gemeinschaft von Aufklärern, von Männern und Frauen, von Schriftstellern, Bildhauern und Komponisten, von getauften Juden und jüdisch-christlichen Ehen. Auf dem kleinsten Friedhof Berlins haben sie bis heute ihre Annäherung bewahrt (vgl. Abb. 24.1).

Die Berliner Friedhofstopographie trennte für gewöhnlich entlang der Linien der Konfessionen. Nur hier brechen die Trennlinien ein wenig auf. Auf dem Friedhof der Dreifaltigkeitsgemeinde, immer strikt von der Domgemeinde getrennt, liegen getaufte Juden und Christen zusammen. Nicht allen Berlinern gefiel das damals, und ihre Ablehnung wirkt bis heute noch fort. Einer Notiz am Familiengrab der Mendelsohns, zugleich eine Ausstellungs- und Gedenkstätte, ist zu entnehmen, dass die Stätte vor einem halben Jahr mit Hakenkreuzen beschmiert worden ist.

Auf Berliner Friedhöfen bleiben Gruppen, die sich im Leben gebildet haben, auch im Tod zusammen. 224 Friedhöfe auf tausend Hektar Grünfläche sorgen dafür, dass das auch so bleibt. Am Mehringdamm und an der Bergmannstraße fanden die Dom-, die Friedrich-Werdersche- und die Dreifaltigkeitsgemeinde ihren Platz unter der Erde. Die Hugenotten in der Friedrichstadt kauften ihr Grundstück auf dem Dorotheenfriedhof. Die ersten fünfzig jüdischen Familien, die von Wien nach Berlin übersiedelten, verfügten über einen Friedhof an der Großen Hamburger Straße. Die Osmanen und Türken betten seit 1798 in der Hasenheide ihre Toten auf einem Gelände, das Friedrich III ihnen eigens dafür überließ. Die Russen zog es hundert Jahre später nach Tegel in die Wittestraße.

Um 1900 wurde die Vorherrschaft der konfessionellen Gemeinschaften von den städtischen Friedhöfen gebrochen. Es bildeten sich die Kiezgemeinschaften in Gartenanlagen, die uns heute erzählen, wer einst dort lebte und den Ton angab. Im Laufe des zwanzigsten Jahrhunderts folgten die Urnenfelder und anonymen Gemeinschaftsgräber. Die Gewohnheit, die Namen der Verstorbenen dazu zu schreiben, verlor an Popularität. Aber auch diese Toten sind im Tode längst eine neue Gemeinschaft eingegangen: Ihre Knochen und Asche haben sich bis zur Unkenntlichkeit vermischt.

Es gibt auf den Friedhöfen am Halleschen Tor nur wenige Besucher, obwohl es doch an dieser Stelle keine bessere Grünanlage gibt. Ein Gärtner wässert die Blumen am Eingang. Zwei Polizisten laufen Streife durch die Allee. Eine Dame steckt grüßend ihre Schaufel hoch. Die Toten verhalten sich mucksmäusestill. Ruhe ringsum. Wer will noch an sie denken? Berliner Friedhöfe waren doch immer auch Orte der Erinnerung. Fragt sich nur, wer welche Erinnerung sucht. Lev Nussimbaum erzählt uns von den russischen Migranten, den Hofdamen, Adeligen und Gardeoffizieren, die in den 1920er Jahren in Tegel zwischen den Gräbern spazieren gingen, sich gegenseitig die Inschriften von alten Bekannten vorlasen und wehmütig dem Glanz des Zarenhofes nachtrauerten. In der Hasenheide wurden die Gräber der vor hundert Jahren in Berlin ermordeten »Jungtürken« neulich zu Märtyrer-Gräbern ausgebaut und ihre Namen mit goldener Farbe ausgeschmückt. Mehmet Talat, 1922 erschossen an der Hardenbergstraße, Djamal Azmi und Bahaettin Shakir, kurze Zeit später mitten auf der Uhlandstraße dahingemordet – sie sind an diesem Ort bekannte Persönlichkeiten, denen regelmäßig Respekt gezollt wird. So rege geht es auf dem Dreifaltigkeitsfriedhof nicht zu. Aber die Neo-Nazis, die neulich das Erbbegräbnis der Mendelsohns schändeten, hatten zumindest den Namen Mendelsohn schon mal gehört (vgl. Abb. 24.2).

Abbildung 24.1: Die Grabstelle der Mendelsohns

Abbildung 24.2: Skizze der Friedhofsanlagen

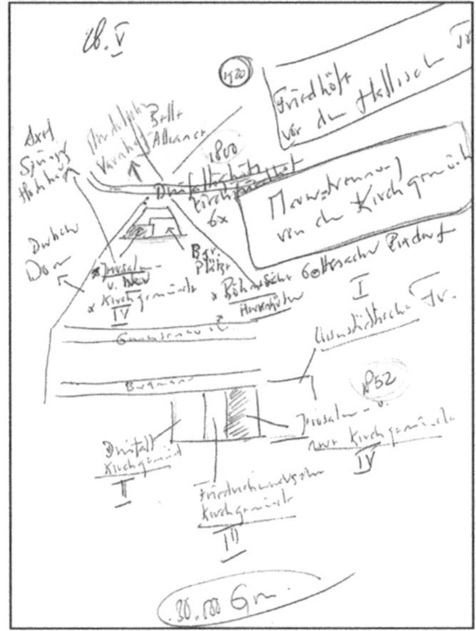

Literaturhinweise

Hammer, Kalus. *Friedhöfe in Berlin. Eine kunst- und kulturgeschichtlicher Führer.* Berlin: Jaron Verlag, 2011.

Höpp, Gerhard. »Tod und Geschichte oder Wie in Berlin prominente Muslime bestattet wurden.« In: Gerhard Höpp und Gerdien Jonker (Hg.), *In fremder Erde. Zur Geschichte und Gegenwart der islamischen Bestattung in Deutschland* (Berlin: Verlag Das Arabische Buch, 1996), S. 19 – 45.

Nussimbaum, Lev (Essad Bey), *Das weiße Russland.* Berlin: Gustav Kiepenheuer Verlag, 1930.

Freitag, der 5. Juni
Berliner Baustellen

Heute Nachmittag um halb drei war die Geburt einer neuen Baustelle zu besichtigen. Mitten auf der Uhlandstraße standen zwei Kranwagen aufgebockt. Ein Riesenarm schwenkte Betonblöcke durch die Lüfte. Hoch über den Häusern hielt ein anderer Teile eines Baukrans fest. Die Stelle war ringsum mit rot-weißen Absperrungen und Blinklichtern gesichert, aber weiter oben an der Uhlandstraße fehlte noch das runde Stoppschild mit dem roten Rand, das »Durchfahrt verboten!« signalisiert. Und weil das so war, fuhren die Autos in einem endlosen Reigen in die Falle hinein und setzten eins nach dem andern an der Absperrung zurück. Ein Mann mit Bauhelm und orangener Jacke schwenkte eine Fahne im Regen, damit die Lücke in der Mitte der Fahrbahn nicht durchlässig, dennoch für den Busverkehr geöffnet blieb. Der Bus 249 Richtung Roseneck näherte sich gerade von hinten und quetschte sich durch die Lücke hindurch. Anschließend machte der Fahrer einen Slalom um die Doppel-Parker und wich kunstvoll den zurücksetzenden Autos aus. Dann schaltete er mitten im Chaos wieder einen Gang hoch. Berliner Busfahrer sind wohl Schlimmeres gewohnt.

Auf meine Frage »Warum jetzt?«, meinte der Kranführer, »weil heute morgen die Bewilligung gekommen ist«. Darauf hatten sie lange gewartet, die Leute von dem Hotel, das ein neues Dach bekommen soll, die Leute vom Hoch- und Tiefbau, die dazu die Vorbereitungen treffen sollen, die Zimmerleute, Maurer, Verputzer, Elektriker und Dachdecker, die die Arbeit anschließend im Angriff nehmen werden. Wegen der Corona-Krise saßen sie zweieinhalb Monate zuhause fest und nun wollten sie endlich loslegen. »Verstehen Sie?« Ich verstehe. Solche Probleme habe ich nicht. Ein heftiger Platzregen macht weitere Unterhaltung zunichte. Die Tür zum Führerhaus schlägt zu. Der Mann mit der Flagge sucht sich ein Stück Pappe, um den Kopf zu schützen. Auf dem Gehsteig spannen die Zuschauer die Schirme auf (vgl. Abb. 25.1).

Was ist eine Berliner Baustelle? Es lässt sich zunächst einmal feststellen, dass es davon viele gibt. Vladimir Nabokov beschrieb 1920 die riesigen schwarzen Rohre, die, an der Kante des Bürgersteigs abgelegt, auf Versenkung warteten. Von einem Loch, in das sie gelegt werden konnten, schrieb er aber nicht. Beim Wiederlesen der Stelle wird mir klar, dass ein passendes Loch noch ausgehoben werden musste. Aber 2020 sind die Straßen Berlins mit Löchern nur so übersät. Wie viele Baustellen es gibt, kann niemand mehr beziffern. Das Stromnetz teilte mit, im Jahr für 600 größere und 5.000 Kleinstbaustellen verantwortlich zu sein. Das Fernwärmenetz, die Berliner Verkehrsbetriebe, die Wasserbetriebe und die Telekom zählen jeder für sich noch eine Menge dazu. Hinzu kommen die privaten Baustellen, die, um doppeltes Aufreißen zu vermeiden, in einen Baustellenatlas eingetragen werden sollten. Die Stadtverwaltung, die dafür verantwortlich ist, hat jedoch verlautbaren lassen, sie komme wegen des Andrangs nicht mehr mit.

Ein kurzer Gang durch das Viertel nutzt eine Baustellen-Bestandaufnahme im näheren Umkreis. Ich laufe von der Uhland- in die Ludwigkirchstraße hinein und sehe nach 200 Metern schon den nächsten Ort. Entlang der Pfalzburger Straße und quer über den Ludwigkirchplatz stehen rot-weiße Absperrungen auf dem Gehsteig, orangene Blinklichter reichlich darauf. Im abgesperrten Raum direkt an der Ecke gibt es im Innern ein kleines mit Brettern gestütztes Loch. Weiter hinten jedoch scheint das Pflaster noch ganz unversehrt. Ich folge der Absperrung ca. 300 Meter Richtung Düsseldorfer Straße, bis ich im letzten Viertel auf eine Gruppe Straßenpflasterer mit einer kleinen Stampfmaschine stoße. Der Abschnitt zur Düsseldorfer Straße wird zum Wochenende wieder zugemacht, der Berliner Sand fest zusammengestampft und die Gehsteigplatten darauf zurückgelegt. Ein Stapel Absperrgitter wartet an der Bordsteinkante noch auf Abholung.

»Wofür ist das?«, frage ich in die Runde. Der Vormann klärt mich auf: »Junge Frau! Das ist ganz einfach! Die Straßenlaternen müssen von Gas auf Elektrizität umgestellt!« Sein Arbeitertrupp ist für das Auf- und Zumachen der Erde verantwortlich. Wie lange es zwischen beiden dauert, das hängt von der GASAG ab, wie viel Zeit sie braucht, um den Strang abzuschließen, von der Berliner Elektrizität, die die neuen Stromkabel dadurch ziehen muss. So arbeiten sie sich schon seit fünf Jahren quer durch die Stadt. 6.500 Kilometer werden es am Ende sein und somit stehe ich hier vor der längsten Baustelle Berlins. Ich bedanke mich für die Information und begebe mich auf die Suche nach dem nächsten Ort.

Die nächste Brache gähnt, gar nicht so weit von der letzten entfernt, an der Ecke Düsseldorfer Straße und Hohenzollerndamm. Für diese Baustelle wurde der Fahrdamm aufgerissen und der Sand bis zu zwei Metern tief entfernt. Ein orangener Bagger steht neben dem Loch, das ringsum mit Brettern abgestützt worden ist. Eine Leiter ragt daraus empor. Die Stelle wurde mit hohen Gitterzäunen gesichert. Die rot-weißen Absperrstreifen stehen davor. Auf dem Mittelstreifen des Hohenzollerndamms warten bereits nagelneue Rohre auf ihre Verwendung. PA 22 630 X 37,4 – 22.01.20 steht mit Kreide auf einem der Rohre geschrieben. 630 Zentimeter Durchmesser bieten eine Menge Platz. Wenn vor den Löchern keine Kappen aufgeschraubt wären, könnte ein Mensch für die Nacht sein Lager darin aufschlagen. Das Datum ist noch aus Vor-Corona-Zeiten und seitdem ist hier nicht allzu viel mehr passiert. Auf Nachfrage gibt die Besitzerin des angrenzenden Cafés zu Protokoll, dass ab und zu noch ein Arbeiter gesichtet wurde, der nach den Maschinen sah. Wie lange es noch dauern wird, hatte sie ihn mal gefragt. Der habe aber die Schultern gezuckt und sie auf die Stadt verwiesen: »Fragen Sie die Bürokratie!«

Himmelblaue Rohre von 30 Zentimeter Durchmesser laufen hinter den Kaffeetischen an der Bordsteinkante entlang, erheben sich an der Kreuzung zur Fasanenstraße in die Luft, bilden eine kantige Pforte für den Verkehr und legen sich anschließend wieder ins Gras. Ich folge ihnen dem Hohenzollerndamm entlang bis zur Bundesallee, eine Strecke von knapp 400 Meter. Dort erheben sie sich nach links über den Fahrdamm, um sich anschließend im nächsten Bauloch zu versenken. Damit ist die nächste Baustelle erreicht. Die vierzig Baucontainer auf dem Mittelstreifen deuten schon an, dass es sich diesmal um ein größeres Bauunternehmen handelt. Tatsächlich gähnt hinter dem Bauzaun, der an der Ecke Hohenzollerndamm und Bundesallee beginnt, wieder eine Brache. Diesmal ist es ein ganz tiefes Loch. Es ist von hohen Gitterzäunen umgeben, über die hier und dort grüne Netze gehängt worden sind. Zwei ganze Häuserblocks sind im Loch verschwunden. Ich erblicke verlassene Bagger in vier Metern Tiefe. Auf der Kante, wo es heruntergeht, stehen noch Abfallcontainer und eine Reihe Dixi-Klos. Die beiseite geworfenen Sandhaufen sind rundherum mit Abfallsäcken und Müll bedeckt. Seit Anfang des Jahres ist das hier der Status quo (vgl. Abb. 25.2).

Ich blicke noch einmal über die breite Kreuzung, wo auf der anderen Seite gleich zwei neue Baustellen beginnen; die eine links, direkt vor der Investitionsbank, die andere rechts, an der Ecke, an der ein neues Gebäude sich in die Luft erhebt. Dann entscheide ich mich doch dafür, die hiesige Brache näher zu betrachten und stapfe links in die Bundesallee. Die Brandmauern der Häuser der Pariser Straße sind von hier aus gut zu sehen. Doch das grüne Tuch versperrt vielem anderen den Blick. Was die da unten wohl machen? Ein Spanntuch am Zaun verschafft den Überblick: »Abbruch. Entkernung. Erdarbeiten. Schadstoffrückbau. Altlastensanierung und vieles mehr …«.

Bislang stand an dieser Ecke ein Monstrum von einem Bürogebäude – braunes Rauchglas und Metall – mit dem in den 1980er Jahren vorzugsweise ausgebombte Lücken gefüllt wurden. Nun ist es endlich abgerissen worden, Asbest und Erde sind bereits entsorgt. Das Gelände ist bereitet für das, was kommt, das zukünftige Berlin. Die Tiefe des Lochs lässt indes vermuten, dass es in Zukunft hoch hinausgehen wird. Was die Stadt sich wohl diesmal hat einfallen lassen? »Wohnen an der Bundesallee« etwa? Oder »Der Spichernpalast«, ganz nach dem Geschmack der Zeit? Ein einsamer Bagger arbeitet sich noch weit hinten in Richtung Meier-Otto-Straße vor. Sonst ist dort niemand zu finden, in der ganzen Brache nicht, der meine Frage hätte beantworten können.

Vom U-Bahn-Ausgang Spichernstraße führt ein provisorischer Fußweg durch die Baustelle. Wer auf diese Weise die Pariser Straße betritt, kann kurz nacheinander noch folgende Baustellen in Augenschein nehmen: eine Absperrung rund um eine Laterne, eine zweite an einem Hauseingang, schließlich an der Fasanenstraße ein langgestrecktes Gehege, das lediglich ein paar Baubretter und ein neues Dixi-Klo umfasst. Das Männchen kneift die Oberschenkel zusammen. Das Weibchen hält die Hände schützend vors Geschlecht. Auf dem Dixi-Wort stehen Herzchen statt Punkte. Niedlich. Doch hilft es alles nichts. Die Dinger riechen doch. Dann steht man unvermittelt wieder auf der Uhlandstraße. Rechterhand ragen wieder die Hebekräne empor. Das war eine Runde von 2.200 Schritten oder knapp 1,5 Kilometern, während der ich den Anblick einer Baustelle nie ganz aus den Augen verlor.

Später am Mittag kehre ich noch einmal zu den Hebekränen zurück. Die letzten Betonteile werden gerade über die Dächer geschwungen und ich stelle fest, es handelt sich nicht um einen, sondern um zwei Kräne, die hinter den Häuserzeilen aufgebaut worden sind. Rechts ragt einer hinter dem Hotel empor. Der andere steht auf der gegenüberliegenden Seite hinter dem blauen Wohnblock, in dem auch zwei Märkte untergebracht worden sind. Auf dem Gehsteig sind inzwischen auch die Baucontainer abgesetzt worden, vier aufeinander gestapelte graue Kästen mit einer Treppe davor. Klos, Bauzäune und Hölzer stehen ordentlich daneben gestapelt. Wenn die Hebekräne einmal verschwunden sind, wird hier eine beachtliche Baustelle zurückbleiben, die ihre Zeit wohl dauern wird.

In der Nacht denke ich an die vielen Rohre und Kabel, auf die ich tagsüber meine Füße setze. Die breiten Abflussrohre und die Abwasserrohre, in denen unsere Abfälle fortgeschwemmt werden; die schmaleren Rohrverbindungen, die das Trinkwasser bis oben in die Wohnung bringen; die Röhrchen mit Elektrokabeln und die Kabel der Telekom, zu denen unser Zugang zur digitalen Welt an einem dünnen

Faden hängt; das alte Rohrgeflecht der Berliner Gasversorgung – erwies sich das nicht als marode, als Anfang der 1990er Jahren russisches Gas den Druck erhöhen kam? Nicht zu vergessen die Fernwärme. Wie geht die denn vonstatten? Heiße Luft durch ein Rohr, nehme ich mal an. Vor meinem inneren Auge steigt eine Stadt unter der Stadt auf, eine Unterwelt, die für die obere die Grundlagen zu Verfügung stellt. Ich stelle mir sie vor, ihre Schwärze und ihren Geruch, wie sie unablässig rauscht und brummt und blaue Funken schlägt. Ist dort der Ort, wo auch die Ratten wohnen? Gibt es nicht überall diese kleine Erdeingänge, von Gittern bedeckt, wohin sich im Sommer die Steckmücken sammeln und die schwarze Krähenschar nach Essbarem schielt?

Wir Stadtbewohner alle, die wir uns ernähren aus derselben Unterwelt, die einen mit Essen, die anderen mit Wasser und Licht, was wissen wir schon davon, was sich unter unseren Füßen abspielt? Berliner mögen sich über die Baustellen ärgern. Sie mögen sie belächeln oder deftig beschimpfen. Dennoch sind sie es, die Zutritt zu einer Unterwelt verschaffen, die für das obere Wachsen schlicht unabdingbar ist. Baustellen sind Übergangsorte, wie es kaum Vergleichbare gibt.

Abbildung 25.1: Einrichtung einer Baustelle in der Uhlandstraße

Abbildung 25.2: Eine verhangene Baustelle

Literaturhinweise

Berliner Baustellenatlas: https://www.infrest.de/weitere-produkte/baustellenatlas/2015

Nabokov, Vladimir. *Putevoditel´ po Berlinu* (1925). Stadtführer Berlin. Fünf Erzählungen (Stuttgart: Reclam, 1985), S. 3 – 9.

Mittwoch, der 10. Juni

Der Karl-Marx-Platz

Wer, vom Ostkreuz herkommend, die Ringbahn an der Sonnenallee verlässt und rechts in Fahrtrichtung in das Viertel eintaucht, steht nach einem zehnminütigen Spaziergang im Herzen Rixdorfs, auf den Richardplatz. In den Wirren der Gegenreformation, die Anfang des achtzehnten Jahrhunderts Österreich in eine katholische Bastion verwandelte, fanden böhmische Protestanten an diesem Ort vor den Toren Berlins, im damaligen Richarddorf, ein neues Zuhause. Sie tauften es prompt in Český Rixdorf um, Böhmisch-Rixdorf, und machten sich daran, heimisch zu werden. Brandenburgische Ackerbauern und tschechischsprachige Handwerker wohnten fortan am selben Anger, und wer den heutigen Richardplatz betrachtet, versteht, dass ihnen die Eingewöhnung gelang. Die Neuankömmlinge waren strenge Observanten in der Schule von Jan Hus, die sesshaften Ackerbauer schlichte Lutheraner, aber sie wussten sich zu arrangieren. Eine Menge Kirchen und Betsäle rund um den Platz zeugen davon, dass damals jede und jeder nach seiner eigenen Façon in den Himmel kommen konnte. »Christus ist mein Leben. Der Tod mein Gewinn«, steht noch immer über dem Hintertor des böhmischen Friedhofes geschrieben. Wer sich auf eine solche Formel einließ, hatte gute Aussichten.

Der Richardplatz hat außerdem Beharrungsvermögen. Das Kopfsteinpflaster auf dem ehemaligen Anger, die Bauernhäuser ringsum, eine Schmiede in der Mitte, eine kleine Dorfkirche noch aus der Ackerbauerzeit: man läuft unter den schwer mit Blüten beladenen Linden und versteht, dass hier ein Dorf sich festgekrallt und der Gewalt einer herankriechenden Stadt erfolgreich die Stirn geboten hat. Richarddorf integrierte die tschechischen Neuankömmlinge. Der tschechisch-deutsche Richardplatz hat wiederum den türkischen Neuzuwanderern einen – wenn auch bescheidenen – Platz eingeräumt. Ein Café am Anger offeriert türkische Kuchen und Pasteten. Der Inhaber lässt das türkische Radio dröhnen und schwarzgewandete Frauen mit heruntergelassenen Mundschutz, ebenfalls in schwarzer Farbe, plaudern vergnügt überm Tisch. So gesehen heute morgen um viertel nach neun.

Am Ende des Richardplatzes zweigt der Karl-Marx-Platz in Gestalt einer schmalen Wohnstraße ab. Etwa 50 Meter geht das so, dann weitet die Straße sich in ein spitzes Dreieck, dessen kurze Seite an die Karl-Marx-Straße stößt. Bis 1947 hieß es hier noch Hohenzollernplatz. Dann wurde der Platz zusammen mit der angrenzenden Straße Karl Marx zum Gedenken gewidmet. Was war passiert? Im Ostteil der Stadt hatten sich im Vorjahr die FDJ, KPD und SED gegründet. Auch wurde drüben gerade die Karl-Marx-Allee mit sowjetischem Kapital aus dem Boden gestampft. Der Umgangston zwischen den Berliner Halbstädten war zunehmend rauer geworden. Vielleicht wollten die Westberliner daran erinnern, dass Karl Marx schließlich ein gesamtdeutscher Philosoph sei und als solcher nicht Eigentum der östlichen Stadt? Wo früher das Reiterdenkmal des letzten Hohenzollern stand, steht heute ein Zentaur in Bronze. Für eine Karl-Marx-Büste hat es dann doch nicht mehr gereicht.

Am Karl-Marx-Platz finden sich Altes und Neues enger umschlungen als an dem musealen Richardplatz. An diesem Ort schieben sich die historischen Schichten des Viertels wie Eisschollen übereinander: Shisha neben City Casino, Ali, der türkische Frisör neben dem Eingangstor des böhmischen Gottesackers. Ihnen gegenüber befinden sich ein Trödler, ein Späti, ein Webspace, ein Wasserpfeifengeschäft. Reisebüro Çoban bietet Reisen an die türkischen Riviera an. Heute ist Markttag, in der Mitte türmen sich türkische Gemüse. Der kleine Kiosk bietet Döner an (vgl. Abb. 26.1-3).

Hinter allen Fenstern folgen wachsame Augen meinem Rundgang, sehen zu, wie ich Notizen mache, stellen stillschweigend Vermutungen an. Was ich hier suche, fragt schließlich ein alter Mann mit Wollmütze. Beim Wort »Geschichte« hellen seine Züge auf. »Altes Pflaster!«, sagt er und weist dabei nach unten. Der arabische Trödler und der türkische Imbissmann hören jedes Wort mit. »Was befand sich hier, bevor Sie einzogen?«, frage ich Ammo, den Imbissmann. »Ein türkischer Imbiss«, versichert er mir, »der war vor zwanzig Jahren gewesen.« Das türkische Plusquamperfekt hüpft ihm aus dem Mund heraus und passt sich dem Berliner Dialekt nahtlos an. Der Trödler gibt dazu, »Geschichte? Fragen Sie den Metzger drüben, der ist schon dreißig Jahre hier, der Älteste am Platz.«

Was ich aber suche, ist eine Kneipe, die schon seit fünfundfünfzig Jahre verschwunden ist. Uwe Johnson widmete ihr 1965 die Erzählung »Eine Kneipe geht verloren«, und verloren ist sie wohl bis zum heutigen Tag. Es war eine Nachbarschaftskneipe, wie es damals viele davon gab. Schmal, unauffällig zwischen den Schaufenstern größerer Geschäfte gelegen, auf der Südseite Berlins, dort wo man nachts die Ringbahn hörte und das Gebrumm der Flugzeuge am Tag, zwischen lauter großen Bürgerhäusern, an einem kleinen Platz mit Wochenmarkt und einem U-Bahn-Ausgang vor der Tür. Johnson macht wie immer präzise Ortsangaben und genaugenommen gibt es nur drei solche Orte entlang des südlichen Rings. An den beiden anderen fehlt der Platz, an diesem liegt der U-Bahn-Ausgang zu weit weg. Vielleicht wollte der Autor uns ein wenig austricksen? Ich schaue mir trotzdem die Geschäfte genauer an. Zum Heinzelmann ist zu behäbig, um Modell zu stehen. Die Kneipen No Limit und Sportscafé sind ebenfalls zu breit. »Schmal wie ein Handtuch«, hatte Johnson seine Kneipe beschrieben, nicht größer als ein Wohnzimmer, zwar mit genügend Raum nach oben, aber auf dem verschlissenen Linoleum neben dem Tresen nur für acht kleine Tische Platz. Mein Blick bleibt auf Ammos Imbiss ruhen. Wenn irgendwo, so müsste der das Gesuchte sein.

1961 wohnten noch keine Türken im Viertel und die Böhmen hatten die tschechische Sprache bereits abgelegt. Geblieben waren Leute, die den Krieg überstanden hatten, Facharbeiter und solche ohne Arbeit, dazu Studenten mit kleinem Portemonnaie. Am 13. August, einem Sonntagmorgen, während die ersten Biertrinker eintrudelten, überbrachte das Kneipenradio die neuesten Nachrichten aus dem anderen Teil der Stadt. Als dann »Augenzeugen noch ein ungefähres Bild der kriegsgefährlichen Linie zusammenstückelten, die in vier, fünf, acht Kilometern Entfernung um die Weststadt gezogen und befestigt wurde«, da entstand in dieser Kneipe spontan eine Verschwörung. Mittags hatte man bereits die nötigen Papiere zusammen. Abends wurde schon die erste Bekannte »rübergeholt«.

So umschreibt Johnson das spontane Hilfsangebot und auch, dass es schon bald teuer und immerzu gefährlicher wurde. Auf der Haben-Seite standen Passfotos, die den Trägern ähnlich sahen, Reisepässe mit den richtigen Stempeln versehen, dazu kostspielige Auslandreisen und jede Menge Nerven aus Stahl. Auf der Soll-Seite gab es die Grenze »mit Stacheldraht und Maschendraht und Stolperdraht und Hohlblocksteinen und armiertem Beton und ganzen Häusern, mit Stadtbahndämmen und Ufermauern und Rinnsteinkanten und gedachten Linien zwischen Bojen auf dem Wasser«. Vier Jahre hielten die Verschwörer durch, dann gaben sie auf. Die Kneipe sollte verkauft werden. Es folgte ein letzter Abend mit Lokalrunden aus Bier und Sekt, doch »da kamen einige nicht.« Nicht die Kuriere, die inzwischen in ostdeutschen Gefängnissen auf Lebenszeit einsaßen, nicht die Passagiere, die nachher das Weite gesucht hatten. Vorbei war auch »das Tatmotiv, die Hilfe für den Nächsten«. Alles aus und vorbei. Das Lokal stand nur einige Wochen leer. Dann erschienen im Schaufenster rotierende Grills mit Hühnerleibern. Aus der Kneipe wurde ein Imbiss und somit die geeignete Vorlage für den unbekannten Türken, den Ammo, der Imbissmann, vor zwanzig Jahren abgelöst hat.

An der Basis des spitzen Dreiecks wird der Karl-Marx-Platz von der Karl-Marx-Straße eingegrenzt. Links steht fest die Elisabethkirche, dahinter thronen die steinernen Engeln des Elisabethfriedhofes auf ihren Säulen, in der Ferne blinkt die Ringbahn-Überführung in der Sonne. An der gegenüberliegenden Seite der Straße winken ein Goldankauf, eine Apotheke und ein Bekleidungsgeschäft mit arabischer Schrift. Musik-Bading daneben hat schon lange zugemacht, seine Buchstaben sind abmontiert, nur ihr Abdruck ist ihnen geblieben. Wir sind im Herzen Neuköllns angekommen, wo die Mädchen mit flauschigen Kopftüchern flanieren gehen, abends die Jungs ihre Motoren aufheulen lassen, wo arabische Clans die Läden kontrollieren und es regelmäßig Razzien gibt. Wenn die Karl-Marx-Straße die Gegenwart abbildet und der Richardplatz die Vergangenheit, so wirkt der Karl-Marx-Platz wie eine Schleuse zwischen beiden, der Ort, an dem die Wasser angeglichen und es noch Schleusentore gibt.

In der S-Bahn Richtung Schöneberg singt ein Bänkelsänger uns mit klarer Stimme ein Lied vom lieben Geld: »Ich schick' Dir tausend Euro und denk' mir nichts dabei/Ich schick' Dir tausend Euro und denk' mir nichts dabei/Du kannst noch nachzählen, ob es stimmt.« Als er fertig ist, fragt er: »Hat es Euch gefallen?« Kopfnicken. Börsen werden geöffnet, Geld hervorgekramt. Zufrieden verlässt er den Zug. So rund kann es gehen. In Berlin.

Abbildung 26.1-3: Der Karl-Marx-Platz

1/2 HÄHNCHEN
ZUM MITNEHMEN
30% RABATT
AUF ALLE MENÜS

Abbildung 26.4: Postkarte »Die Mauer muss weg!« 1963

Literaturhinweis

Johnson, Uwe. »Eine Kneipe geht verloren.« In: *Berliner Sachen. Aufsätze* (Frankfurt/M: Suhrkamp 1975), S. 64 – 95.

Freitag, der 12. Juni
Die Bernauer Straße

In Berlin stand einmal eine Mauer. Das war nicht irgendein Bau, weder ein billiges Machwerk noch eine hübsch verzierter Backsteinmauer, wovon es in Berlin doch etliche gibt. Die Mauer, von der im Folgenden die Rede sein soll, war von beachtlicher Höhe, aus gegossenen Teilen zusammengesetzt und mit runden Zinnen bedeckt, und vor allem, sie war lang, die längste Mauer Berlins. Sie umrundete einen Gutteil des alten Berliner Stadtwalls, schloss das Tor nach Brandenburg auf der Westseite ab, wurde hinter dem Reichstag durchgezogen und überquerte dort die Spree, um die Reise nach Norden anzutreten. Damit nicht genug, umrundete sie schließlich die ganze Stadt. Eine beachtliche Mauer. Unsere Erkundung kann sie nur in Teilen erfassen.

Diese Mauer war fast unüberwindbar, aber nur fast. Im Stettiner S-Bahnhof, der mit ihr zusammenstieß, wurden bloß die Ausgänge vermauert und die Bahnsteige verbarrikadiert. Danach war auch mit der Geradlinigkeit Schluss. Wäre es nach den Baumeistern gegangen, so wäre die Mauer schnurstracks weiter verlaufen, immer der S-Bahn entlang hinauf bis Waidmannslust. Aber leider waren da noch die Franzosen. Es gab ihre Sektorengrenze zu beachten. So einfach verlief die Planung nicht (vgl. Abb. 27.1).

Um den Hasensprung nachzuvollziehen, den das Bauwerk an dieser Stelle vollzog, haben wir den Nordbahnhof, den früheren Stettiner, als Ausgangspunkt der Erkundung gewählt. Zu betrachten ist daher zunächst der großflächige Platz mit den Namen der Fernziele, die es an diesem Ort nicht mehr zu befahren gibt: Zinnowitz, Bad

Doberan, Cammin und Warnemünde, Sassnitz, Belgard, Świnoujście und Gdańsk. Dieser Bahnhof ist nicht mehr. Was es noch gibt, ist ein kleines, flaches Gehäuse mit einem S oben auf dem Dach. An dessen Nordeingang geht es 33 Schritte in die Tiefe, und dort, auf dem Halbdeck, gibt es Fotos davon, wie es zwischen 1961 und 1989 hier war. Vermauerte Ausgänge, verlassene Bahnsteige, bewaffnete Soldaten, Gerümpel mit Stacheldraht in allen Ecken, das Ganze nur so starrend vor Schmutz: Was muss das für ein Lebensgefühl gewesen sein, sich solche Orte zuzulegen? Erleichtert steigt man die 33 Stufen wieder hoch. Von der Tür weg erstrecken sich die Gleisanlagen ins Grüne, mit Birken und Pappeln und Windrosen darauf. Man sieht kräftige Bäume darunter, im nächsten Jahr werden sie schon 60 Jahre alt.

Der Weg führt jetzt nach rechts in die Bernauer Straße und dort erwartet uns ein dramatischer Ort. Die besondere Mauer sollte den Ostteil der Stadt nicht vor Fremden schützen, sondern ihre Einwohner daran hindern, auf und davon zu gehen. Das taten sie aber doch. Sie sprangen aus den Fenstern, schwammen über den Fluss, krochen durch unterirdische Kanäle, stellten Leitern auf, gruben sich Tunnel und hauten sich Wege frei, wo das eben ging. Soldaten schossen hinter den Fortgehenden her und viele kamen dann auch zu Tode. Das Ganze war wie ein Krieg. An der Bernauer Straße lässt sich erahnen, dass die Mauer eine Todesfalle war.

Grünes Gras bedeckt den einstigen Mauerstreifen, darin eingelassene Markierungen für die Fluchtversuche mit den Namen der Erschossenen darauf. Fünfundvierzig Schritte misst das Gelände hier von Osten nach Westen. In Wirklichkeit war es eine Anlage mit einer »Hinterlandmauer« zur Oststadt ausgerichtet, einem »Signalzaun«, um die Wachen in Alarm zu versetzen, einer »Fahrrinne« für die bewaffneten Patrouillen und schließlich mit einem »Westwall« aus glattem Waschbeton und gut drei Meter fünfzig hoch. Quer dazu verliefen Fluchttunnel, heute mit Bronze-Streifen in den Rasen gezeichnet. Hier standen die Wohnhäuser, aus denen gesprungen wurde. Dort stand die Kirche, für den Mauerzweck weggesprengt. Ein blühendes Roggenfeld erstreckt sich heute an dieser Stelle. Lerchen tauchen hinein, steigen daraus wieder empor, feiern das Fest der Vergänglichkeit. Alles ist neu hier, das Gras, die Bauten, die nagelneue Tram, die Schulklasse, weit nach 1989 geboren. Doch das Kolumbarium mit den Bildern der Toten hält uns noch die Vergangenheit fest. Eins-kommaneun Kilometer erstreckte sich dieser Mauerabschnitt entlang der Straße. Dann machte er einen Hasensprung nach links. Ab hier verlief die Mauer wieder bequem auf den Gleisen eines Betriebsgeländes, unterm Friedrich-Ludwig-Jahn-Stadion lang, über den Gleimtunnel hinweg, durch den Bahnhof Bornholmerstraße und endlich hoch nach Waidmannslust.

Auf dem Stadtplan »Berlin Hauptstadt der DDR« von 1983 befindet sich auf der anderen Seite der Mauer ein weißer Fleck, darin »Westberlin« geschrieben, als ob der brandenburgische Sand dort schon begann. Der Nicht-Osten war demnach ein Ort voller Leerstellen und schraffierter grüner Oasen. »Da gibt's nichts zu sehen« deutete dies dem Betrachter an. In Westberlin hing 1983 überall genauso eine Karte, aber dann spiegelverkehrt, mit Kreuzberg, Schöneberg und dem Wedding, aber die Mitte der Hauptstadt existierte darauf nicht. »Brauchen wir nicht« oder »nicht interessant«, so gab man Fremden zu verstehen. Überhaupt hatte die Mauer hier einen anderen Sinn. »Geh‹ doch nach drüben«, sagten die Nachbarn, wenn ihnen was nicht passte. In Kreuzberg diente sie der Aufzucht von Tomaten und Obst. Künstler machten sich an ihr zu schaffen und zwischen Reichstag und Brandenburger Tor zog sie Touristen in Scharen an. Wer sich einen Weg auf eine der vielen Aussichtsplattformen gebahnt hatte, sah bloß den grünen Streifen mit Kaninchen überall. Von dieser Seite besehen war die Mauer ein Objekt des Hasses, der Wehleidigkeit und der Faszination. Vor allem war sie ein Rummelplatz mit einem einträglichen Gewinn.

1983 gab es im Westteil die Künstlerin Pat Oleszko, die, nach eingehendem Studium der vorhandenen Aussichtsgelegenheiten, den Stadtvätern vorschlug, dazu ein Aussichts-Kaninchen zu errichten. Ihr stand vor Augen ein fünf Meter hohes, auf den Hinterpfoten sitzendes Tier, das mit Kopf und Schultern über die Mauer ragen würde. Den Mauertouristen würde so die Chance geboten, sich im geöffneten

Kaninchenmaul dem Kaninchenstudium hinzugeben. So dachte die Künstlerin aus San Francisco, Berlin etwas Gutes zu tun.

Der Plan scheiterte an dem DDR-Grenzbeamten, der für die Errichtung von Plattformen westlich der Mauer stets sein Placet geben musste. Vielleicht fand er die Vorstellung, noch ein Kaninchen dazu zu bekommen, nicht so betörend wie die Künstlerin? Ein Bauwerk mit zwei Seiten lädt leicht zu mehreren Sichtweisen ein. Für die einen war die Mauer eine feste Burg, mit Wachen auf hohen Türmen, die ihre Landsleute vor dem Schlimmeren zu behüten hatten. Für die anderen war sie ein Objekt der Unverdaulichkeit. Die Künstlerin versuchte es mit einer Vermittlung zwischen beiden. Von Kaninchen zu Kaninchen zu winken entspanne die Mienen, verbessere die Stimmung, sei doch nur für alle gut. Ihr Vorschlag war Ost-West-Entspannungspolitik »light«. Den Kaninchen-Aussichtsturm gedachte die Künstlerin übrigens im Hasenwinkel zwischen Wedding und dem Prenzlauer Berg zu errichten. Vor den Gleisen des Betriebsgeländes gegenüber vom Friedrich-Ludwig-Jahn-Stadion war auf der Wedding-Seite noch genügend Platz. Doch der Vorschlag, einfach wie er war, wurde weiter abgewiesen. Schließlich vertauschte sie Berlin mit San Francisco und errichtete dort wunderbare Werke, nur, Berlin hatte nicht viel davon (vgl. Abb. 27.2-3).

Wir erreichen jetzt das ehemalige Betriebsgelände, das eine breite Schneise durch die Stadtlandschaft zieht. Linkswinkelig von der Bernauer Straße abzweigend und entleert von allen Funktionen, die es im Laufe der Zeit übergestülpt bekommen hatte, ist ein wildes Parkgelände mit Spielplätzen für jedes Alter geblieben, mit Schaukelanlagen, Räuberhöhlen, Abenteuergeländen, Klettermauern, Aussichtsfelsen, sogar eine Ziegenfarm ist dabei. An der Westseite des Geländes befindet sich eine Baustelle, die uns leider den Zutritt verbietet. So können wir heute nicht an der Stelle stehen, wo einst das Aussichts-Kaninchen geplant worden war. Aber es geht auch so. Man stelle sich vor: ein fünf Meter hohes Kaninchen. Und versteht sofort, es hätte hier nahtlos hineingepasst.

An der Ostseite zieht der Mauerweg auf Kopfsteinen nach hinten. Man kommt an allen Spielplätzen vorbei. Durch den Gleimtunnel wieder in den Westen und an den Neubauten entlang durch den Bärbel-Boley-Weg. Kurz vor den Eisenbrücken der Swinemünderstraße stoßen wir doch noch auf Restanten des Betriebsgeländes. Zerfallene Torpfosten aus roten Backsteinziegeln, kaputte Mauerstücke und zwei Reihen Wellblechschuppen, alles von Gerümpel und Pappelwurzeln zersetzt. Sieht aus wie Kriegsgefangenenbaracken. Ja, doch. Auch das ist möglich in Berlin (vgl. Abb. 27.4).

Abbildung 27.1 Stadtplan »Berlin Hauptstadt der DDR« 1983

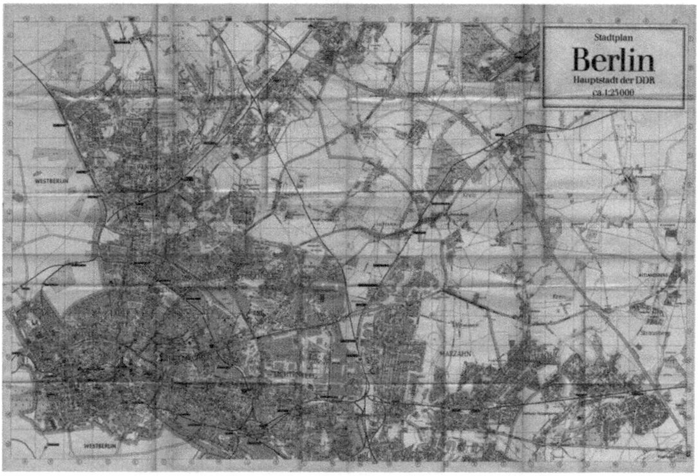

Abbildung 27.2-3: Der Mauerweg

Abbildung 27.4: Das Ende des Mauerwegs

Literaturhinweis

Pat Oleszko. www.patoleszko.com/home

Montag, der 15. Juni
Das Ostkreuz

Das Berliner Ostkreuz ist weniger ein Kreuz, eher ein Kleeblatt, das von einem Wirrwarr an Trassen, Schienen und Brücken geprägt worden ist. Die Ringbahn, die Stadtbahn, der Bogen rund um die Victoriastadt, die Eisenbahn nach Frankfurt, die Eisenbahn nach Güstrin, dazu ein ausgedehntes Werkstatt-Gelände haben eine Stadtlandschaft entstehen lassen, die ganze Stadtteile voneinander trennt. Erst war hier die Eisenbahn, dann besetzte die Stadt die Lücken. Entstanden sind lauter kleine Kieze, dank Trassen und Brücken einander völlig fremd. Ein Kiez ist ein abgekapseltes Viertel mit einem eigenen Selbstverständnis, das die unterschiedlichsten Menschen umschließt. Am Ostkreuz lässt sich erfahren, wie Berlin davon geprägt worden ist.

Um das Kreuz herum zu gehen ist viel Arbeit. Der Anfang wird einer jedoch leicht gemacht. Beim Verlassen der Ringbahn am Treptower Park riecht es nach Wasser. Der viele Regen hat die Ränder mit Klee und Hirtentäschel weiß gefärbt. Vor mir glänzen die Spreebrücken im Morgenlicht. Weit unten liegen die Rundfahrtschiffe am Ufer. Rechts erstreckt sich die Landzunge Stralau, links hinter drei Eisenbrücken der Stralauer Kiez. Geradeaus soll es zum Ostkreuz gehen, aber zu sehen ist es von hier aus noch nicht.

Zuerst geht es nach unten auf die Insel. Bevor die Stadt den Zugriff startete, war diese Insel ein Fischersdorf mit Kirche und Beschaulichkeit. Im zweiten Weltkrieg wurde sie vollgebaut mit Lagern, für Zwangsarbeiter und Kriegsgefangene, für Polen, Ukrainer, Niederländer und Franzosen, nach Status, Geschlecht und Nationalität in

Gruppen eingeteilt. Die Insel bot für die Errichtung der Gefängnisse genügend Platz. Sie war jedoch nicht der einzige Ort, wo sich solches vollzog, denn »zu jener Zeit war Berlin mit Holzbaracken nur so überzogen. In jeder noch so kleinen Lücke der Riesenstadt hatten sich Fluchten brauner, Teerpappe-gedeckter Fichtenholzquader eingenistet. Groß-Berlin (...) bildet ein einziges Lager, das sich zwischen den festen Bauten, den Denkmälern, den Bürohäusern, den Bahnhöfen, den Fabriken hinkrümelt.«

Sagt wer? François Cavanna, der es aus eigener Anschauung wusste, sagte dies. Eingepfercht in ein Riesenlager am Baumschulenweg, fuhr er 1944 jeden Tag mit der S-Bahn »zur Arbeit«, Trümmer räumen irgendwo in der Riesenstadt: »Hoch oben im S-Bahn-Wagen überfliegst Du ein Lager nach dem andern. Von dort oben sehen sie alle gleich aus.« Cavanna intoniert die Stationen, die er passierte: Ostkreuz, Warschauer Straße, Jannowitzbrücke, alle gründlich plattgebombt. Und weiter ging es in den Westen, wo die Trümmer sich türmten, zu Bellevue, Tiergarten, Zoologischem Garten und zum Kurfürstendamm. Gratis-Zwangsarbeit ist für autoritäre Machthaber eine verführerische Sache. In der DDR wurde an der Stelle eine Strafanstalt für Jugendliche eingerichtet, die ebenfalls Zwangsarbeit verrichteten – in der A.E.G., der Glashütte und bei Borsig. An einem Eisenbahnkreuz wie diesem gab es immer genug zu tun.

Dann kam die Wende und ließ ein olympisches Dorf auf der Insel entstehen. Die Spiele wurden zwar Berlin nicht zugeschlagen, aber das Dorf wurde gebaut und erlaubt seither ein Wohnen wie nur selten in Berlin, mit Wasserblick und Uferbäumen und Spielplätzen ringsherum. Auf dem Uferweg machen junge Mütter unter Anleitung Gymnastik, ohne Mundschutz, aber mit gebührend Abstand. Die Kinderwagen stehen hinter ihnen aufgereiht. Da sind wir, scheinen sie den Vorbeigehenden sagen zu wollen: Irr‹ dich mal nicht. Das hier ist unser Platz.

Zurück zum Fußpfad entlang der Ringbahn und durch den Stralauer Tunnel hindurch. An der anderen Seite wartet der Stralauer Kiez. Eine andere Welt offenbart sich hier dem Auge. Sie besteht aus einem großen Werksgelände, der früheren »Hauptwerkstatt der Niederschl.-

Märk. Eisenb.«, samt Mauern und Schuppen und sehr viel Sand. Für die Gleisarbeiter wurde ein schmaler Streifen Häuser entlang des Osthafens gebaut, ein billiges Arbeiterviertel mit Plattenbauten durchsetzt. Seit der Wende hat die Stadt im Kiez gewütet und hinterließ blendend weiße Bauten, dazu zwei kämpfende Riesenmänner im Fluss. Ihre Wohltaten schmeckten aber nicht allen. »Gentrifizierung« steht an eine Wand geschrieben. An der Ecke zur Markgrafenstraße verbirgt sich ein Biergarten hinter verwitterten Palisaden, darauf die Homer-Zeile von Orpheus und Eurydike: »Im abgründigen Hades festgesetzt/kann sie kraft seines rührenden Wehklangs befreit werden/wenn er sich nur den Regeln der Unterwelt fügt ...«. Hinter diesen Palisaden bietet man solchem Fügen Widerstand.

Der Straßenverkehr faucht und hupt und spuckt schwarze Schwaden und macht das Gehen zu einer mühsamen Sache, wäre da nicht »Das Friedrichhainer Infrastrukturprojekt in Selbstverwaltung«. Auf einem der Werksgelände gelegen, mit Holzbaracken und alten Bäumen, mit quergezogenen Kabeln und einer Reihe Briefkästen an der Wand, zieht es die Neugierigen an. Das Betreten des Geländes ist jedoch verboten. Ein junger Italiener erscheint von irgendwo, ruft halb drohend, halb erschreckt »Cosa vuoi!«, lässt sich von einem Brocken Italienisch überraschen, und erzählt alsdann bereitwillig, was alles dahinter steckt. »No Signora! Non siamo illegali!« Aber außerhalb der Strukturen der Stadt, das wohl. Er schlingt die Arme um den Körper, um zu zeigen, wie gut sich Zusammenhalt hier anfühlt: Ein Kiez mitten in dem Kiez und eine eigene Gemeinschaft. Man kenne die Polizei, mit der gäbe es manchmal gute Gespräche. Die ließen einem Raum zum Leben und damit einen Platz für freie Kunst. Aber andere wollten das so nicht verstanden wissen. Das Feindbild des Künstlerkollektivs nistet in der Nähe. Er weist auf die andere Straßenseite: »Alles Faschisten!« Ein solcher Feind hilft sicherlich dem hier gepflegten Wir-Gefühl. Letzte Frage: »War bei Euch Corona?« Er blinzelt: »Bier?« »Nein, das Virus.« Ich fange einen glasigen Blick ein. Kein Anschluss unter dieser Nummer und Tschüss!

Nun folgt eine öde Strecke, gesäumt von Mauern und Werksgeländen, zur Verwendung für allerlei. Auf der Gegenseite steht schon wieder eine Wagenburg, nunmehr in zerfallenen Gebäuden. »Wir sind alle Vagabunden, Wanderer, Migranten und Träumer«, verkündet die Burg der Welt. Doch die verbarrikadierten Fenster und Fetzen am Gitter sprechen eine andere Sprache. Wenn das Träume sein sollen, ist man lieber wach.

Nach der Umrundung des Wasserturms öffnet sich ein futuristisches Gelände. Betontrassen auf hohen Stelzen überqueren sich, von links nach rechts, von vorne bis weit nach hinten erheben sich die Pylone. Wo sie sich begegnen, sind sie von einem Glaskasten gekrönt. Das Ostkreuz. Hier wohnt niemand. Hier ist nur Ankommen und Abreisen und Durchreisen angesagt. Hier sind im Laufe der Zeit die Schlesier, die Polen und die Schwaben angekommen und haben sich in den Stadtnischen ein neues Zuhause gemacht. Hier wurden die Zwangsarbeiter und die Kriegsgefangenen abgeladen und zur Arbeit in die Fabriken verbracht. Von all diesen früheren Bewohnern der Viertel rundum das Ostkreuz gibt es heute niemand mehr. Wer ihren Platz eingenommen hat, das sind »die Neuen«, das ist Berlins neuester Zuwachs im »coolen« Kiez.

Um den dritten Kiez zu erreichen, muss man zuerst das 200 Meter breite Gleisgelände überqueren. Eine überdeckte Eisenbrücke gibt uns Gelegenheit dazu. Dann steht man in der Neuen Bahnhofstraße und zwischen Kaffeeterrassen in der Sonne. Es riecht nach Kaffee und Brötchen und die Stimmung ist entspannt. Als die Berliner Göre Inge Müller 1925 im Hinterhaus der Nummer 32 geboren wurde, war diese Straße noch in Rot, Braun und Schwarz geteilt. Dann ging es schnell zur Sache, gab es nachts Schlägereien, gewannen schließlich die Braunen und folgte die Katastrophe, die hier überall ihre Spuren hinterlassen hat. Luba Derczanska, die Wilnaer Jüdin, 1927 hierhergezogen, um eine Ausbildung als Chemielaborantin abzuschließen, berichtet, Pfingsten seien die Straßen voller Weltkriegs-Frontkämpfer und laut blecherner Marschmusik gewesen.

Von dieser Vergangenheit weiß die Neue Bahnhofstraße heute nichts mehr. Barristos, Burritos und Tapas weisen vielmehr auf die neuesten Trendsetter hin. Coole Spanier und Italiener, Koreaner, Taiwanesen und Afrikaner flanieren mitten auf dem Pflaster, die Männer Arm in Arm, die Frauen lächelnd in Gruppen, auch Kinderwagen sind dabei. Das sind also Berlins neueste Zuwanderer, und wirklich, warum sollten sie die Geschichte dieser Straße kennen? Sie kommen aus allen Richtungen der Erde und haben sich an diesem Ort eine neue Zusammengehörigkeit geschaffen. Guten Mutes sind sie und halten die Regeln ein. Die Kellner tragen ausnahmslos Mundschutz und ihre Kunden nehmen den ihren erst am Tisch wieder ab (vgl. Abb. 28.1).

Am Ende der Neuen Bahnhofstraße, dort wo sie die Boxhagener kreuzt, öffnet sich rechts eine neue Eisenbrücke und damit eine Passage in wieder eine andere Welt. Die Viktoriastadt, von Gleisen ringsum eingekreist, stellt einen eigenen historischen Flecken auf der Berliner Landkarte dar. Auf der Seite zum Durchgang prangt der Berliner Bär mit Krone und einem Flügelrad. Ihr wurde also das Zeichen des Reichsadlers verliehen, die Brücke 1877 gebaut. Uns bietet sie heute einen dunklen, rußigen Durchgang. Nur einige Schritte, dann stehen wir im alten Preußen, erblicken Bastionen aus rotem Backstein, leere Straßen voller historischer Bausubstanz. Ab hier fängt eine andere Geschichte an, wo Arbeiter was galten, damals, als Zille seine Milieuzeichnungen machte und der Streit zwischen Roten und Braunen als noch unentschieden galt.

Die Victoriastadt ist der vierte Kiez am Ostkreuz und nochmals anders als all die anderen. Keine jungen Frauen bei der Gymnastik. Keine Künstler hinter der Wagenburg. Keine coolen jungen Leute im Wohlgeruch der Barristas, nichts von alledem, hier wird einfach nur gewohnt. Das ist also das Geheimnis eines jeden Berliner Kiezes: Nur eine Brücke, und man kennt sich nicht mehr aus.

Aber nun ist genug für heute. Wir tun, was alle tun und schlagen den Fußpfad zum Bahnhof ein, klettern die achtundvierzig Stufen hoch und beäugen die Gehsteige, die Zugang geben zum Ring. Dort sehen wir das dichte Gedränge an den Zügen, nehmen wahr, wie viele Menschen links und rechts die Treppen zur Stadtbahn und den Vorortzügen hinabsteigen, und wissen schlagartig um das zweite Geheimnis des Kiezes: Die Möglichkeit, Tag und Nacht die ganze Stadt zu bereisen. Das ist das Gegenwicht der Berliner Nischenexistenz (vgl. Abb. 28.2).

Abbildung 28.1: Am Ostkreuz

Abbildung 28.2: Das Eisenbahnknotenpunkt Ostkreuz

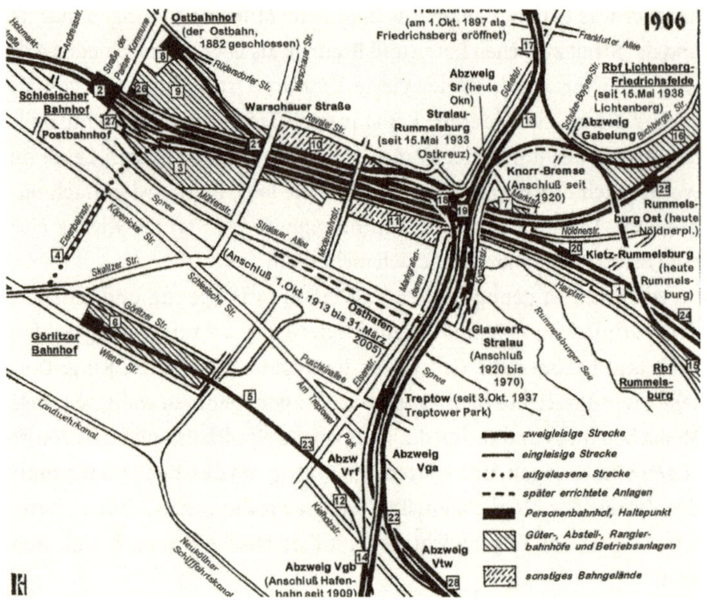

Literaturhinweise

Behrmann, Walter. »Die Lage Berlins im Wandel der Zeiten.« In: NN, *Die unzerstörbare Stadt. Die raumpolitische Lage und Bedeutung Berlins* (Köln – Berlin: Carl Heymanns Verlag KG 1953), S. 46 – 55.

Cavanna, François. *Das Lied von der Baba.* Berlin: Aufbau-Verlag, 1988.

Geipel, Ines. *›Dann fiel auf einmal der Himmel um‹. Inge Müller. Die Biographie.* Hamburg: Rowohlt Verlag, 2004.

Kuhlmann, Bernd. *Vom Rostkreuz zum Ostkreuz. Berlins großer Eisenbahnknoten.* Stuttgart: transpress Verlag, 2019.

NS Zwangsarbeit – Dokumentationszentrum. www.ns-zwangsarbeit.de

Sachse, Carola. *Als Zwangsarbeiterin 1941 in Berlin. Die Aufzeichnungen der Volkswirtin Elisabeth Freund.* Berlin: Akademie Verlag, 1996.

Freitag, der 19. Juni
Der Kurfürstendamm

Gestern wurde endlich das Urteil im Ku'Damm-Raser-Prozess gesprochen und siehe da, es war Mord. Die jungen Männer Marvin und Hamdi, der eine in einem aufgemotzten Mercedes Coupé, der andere in einem frisierten Audi, hatten sich 2016 in der Nacht ein Rennen geliefert, das für einen unbeteiligten Autofahrer tödlich endete. Das Rennen war kurz und gar nicht auf dem Ku'Damm. Die jungen Männer hatten an der Ampel zur Joachimthaler Straße übereinander gespottet, gaben daraufhin Gas, scheuerten am Breitscheidplatz vorbei in die Tauentzienstraße hinein, kollidierten dort mit dem Menschen, dessen Tod jetzt als Mord gewertet werden darf, und das war es auch schon, noch keinen Kilometer weit, davon 200 Meter auf dem Kurfürstendamm.

Frage: Warum hießen die beiden »Ku'Damm-Raser«, wenn das Rennen woanders verlief? Ganz einfach. Weil »Cruisen am Kurfürstendamm« schon seit fünfzehn Jahren als unwiderstehlich galt. Weil die geliebte Rennstrecke just am Adenauerplatz startete: zwei Kilometer den Ku'Damm herauf, links in die Joachimsthaler Straße, nochmals links die Kantstraße hoch, dann wieder rechts unter der S-Bahn durch in die Lewishamstraße Richtung Adenauerplatz und fertig, fünf Kilometer insgesamt. 2002 galt der Ku'Damm deswegen als »gefährlichste Straße der Stadt«. 2006 wurden dabei zwei Mädchen an einer Bushaltestelle totgefahren. 2014 galt die Straße als »Raserstrecke Nummer 1«. Dann kamen Marvin und Hamdi, ließen am Rande die Motoren aufheulen und schon erkannte tout Berlin die Lieblingsbeschäftigung der Berliner. Sie waren Ku'Damm-Raser wie alle anderen auch.

Seit 135 Jahren steht der Kurfürstendamm für Glitzer, Glamour und Dazugehören, für Verwegenes und Mit-der-Nase-vorne-liegen, für Avantgarde eben. Was aber Avantgarde ausmacht, darüber entscheiden die Generationen und es ist ein durchaus beweglicher Begriff. 1920 mag es das Bananenröckchen gewesen sein, das allabendlich auf der Bühne hochgeschwungen wurde und Männer in wohlige Ekstase versetzte. 2020 ist es jedoch und unangefochten der Maserati, vom Fahrer geleased und auf dem Mittelstreifen geparkt, damit die Ku'-Damm-Spotter ihn erst fotografieren können, bevor es richtig losgeht.

Der Kurfürstendamm also, die Straße des Sehens und Gesehen-Werdens, die Straße der Cruiser, in der niemand wohnt, in der aber jeder, der etwas auf sich hält, eine Adresse haben muss, die teuerste Straße der Stadt. Jede Hauptstadt hat so ihre Glamour-Meile und doch stimmt hier etwas nicht. Warum haben die Berliner die ihre so stiefmütterlich, ja halsabschneiderisch behandelt? Gehätschelt wurde dieser Damm jedenfalls nicht. Fangen wir einmal beim Anfang an und schauen, was davon unterwegs zu sehen ist.

Zu Zeiten des großen Kurfürsten gab es vom Zentrum der Stadt einen Wald- und Wiesenweg, der zum Schloss im Grunewald führte. Im Tiergarten zweigte er links ab, lief durch das Tiergartenviertel durch, passierte die Brücke über den Landwehrkanal und ging von dort in gerader Linie bis zum Halensee. Dort wurde erst einmal Rast gemacht, damit die Prinzessin, Luise Henriette aus den Niederlanden, sich verschnaufen konnte. Mag diese bukolische Idylle längst verschwunden sein, heute ist das noch immer der Henriettenplatz. 200 Jahre später setzte Bismarck sich dafür ein, aus dem Wald- und Wiesenweg einen Prachtboulevard zu kreieren, nach Pariser Vorbild selbstverständlich, nur sollte sein Boulevard eine Straße der Superlative sein. Pariser Boulevards – ob Saint German, Saint Martin oder Montmartre – maßen über den Damm durchschnittlich fünfunddreißig Meter. Aber der Kurfürstendamm bekam eine Breite von fünfundfünfzig Meter eingeräumt. In Paris liefen sie nach höchstens zwei Kilometer ins Leere, der Berliner Boulevard ging beinahe fünf Kilometer lang.

Wer so groß plant, will auch große Bauten, und die bekam der Kurfürstendamm. Im Grunde war es Berliner Altbau, aber dann ins Gigantische, mit an die Straße grenzender Seite vierzig und mehr Meter lang. Am Ende wurden 266 Baugrundstücke vergeben, 133 für jede Seite. Auf einer Länge von fünf Kilometern ist da für jeden genügend Platz. Zwischen Landwehrkanal und Aquarium herrschten zwar die kleinen klassizistischen Villen des Tiergartenviertels vor, wovon heute noch eine zu sehen ist. Sie steht auf der alten Grundstücksnummer 265, das vorletzte Haus vor dem Kanal. Aber spätestens am Augusta-Viktoria- (heute Breitscheid)-Platz, wo der Damm eine kurze Schlinge um die Kaiser-Friedrich-Gedächtnis-Kirche legte, ging's los mit den Giganten. Um 1900 galten sie zwar bereits schon als »protzig«. Dennoch waren sie der Stolz dieser Stadt.

Geschah es, weil dieser erste Abschnitt des Kurfürstendamms nicht genügend protzte? Jedenfalls wurde er 1925 zur persona non grata erklärt. Abgehängt als die »Budapester Straße«, lenkten spätere Baumeister sie gar Richtung Nürnberger Straße. Zu allem Überfluss wurde auch noch ein Keil in die Straßenführung gelegt: der Olaf-Palme-Platz. »Dich kenn‹ ich nicht mehr!« schien Berlin sich selber zu sagen und weg war der Anfang des Kurfürstendamms, zehn Häuser auf der Tiergartenseite, zwanzig ihr gegenüber, die bis auf eines verschwunden sind. Auch die Kirche wurde dem Breitscheidplatz überlassen, zuerst als Kaiser-Gedächtnis, dann als Bombendenkmal einer Bomben-verwüsteten Stadt. Ekklesia Bombardeada, Berlins wohl wichtigste Touristenattraktion. Erst danach begann der Kurfürstendamm von neuem und fing nunmehr mit Nummer 11 als erster Hausnummer an.

Wie vorhin schon gesagt, von der Joachimsthaler Straße bis zum Adenauerplatz verläuft die Rennstrecke der Cruiser und Raser. Sie ist das eigentliche Glanzstück des Kurfürstendamms. 1913 wohnten hier schon 120 Millionäre, so raunen es die Berliner. Wirklich? Ist das nun etwas, um darauf stolz zu sein? »Der Kurfürstendamm, die schönste

Prachtstraße von Berlin W., hatte außer den mit Terrassen geschmückten Bürgersteigen, auch zwei Trambahnlinien und eine doppelspurige Fahrbahn aufzuweisen«, stellte 1929 Yvan Goll, aus Paris kommend, nüchtern fest. In der Tat, nach der Trennung von ihrem Anfang gab es an dieser Straße keinen Zoo mehr, kein Aquarium und keine Kirche, kein einziges Denkmal und überhaupt keinen repräsentativen Platz.

Geblieben waren ihr die großen Häuser und die Straßenterrassen. Geblieben war auch der Mythos, der Größte von allen zu sein. Gabriele Tergit schilderte 1931 das Spiel der Bauspekulanten mit dem schnellen Geld und den aufgeblähten Bauten. Ein paar Jahre später erschienen die Arbeiter vom Ostkreuz in den braunen Uniformen der SA, angezogen von dem Duft der Verführung, die Ohren klingelnd voller Geschichten von »Kurfürstendamm-Juden«, die hätten doch an allem Schuld. Wie sie am Kurfürstendamm darauf los hauten, das ist von vielen beschrieben worden. Mit der Vertreibung und Ermordung der Juden schafften sich anschließend die Nazis selber einen Platz. Schöner zu wohnen als am Kurfürstendamm kam auch für die nicht in Frage. Bis die Bomben niederkamen, dann war auch mit dieser Chimäre Schluss (vgl. Abb. 29).

»Ich habe so Heimweh nach dem Kurfürstendamm«, sang Hildegard Knef in den Nachkriegsjahren und wenn sie in Berlin war, dann wohnte sie tatsächlich stets dort, nicht in einer der großen Wohnungen, sondern im Hotel Kempinski, was doch auch ein Standing hatte. Später zog sie in einer der Seitenstraßen ein. Am Kurfürstendamm selber zu wohnen kam nicht mehr im Frage und heute scheint das auch niemand mehr zu tun. Schaut man früh morgens zu den Fenstern hoch, so sieht man überall verschlossene Rollläden und auch der heutige Erkundungsgang lieferte viele Hinweise, das dem so ist. Aus der Lektüre der Namensschilder an den großen Häusern ergaben sich, statt Namen von Bewohnern, die Namen von Kliniken, Immobilienmaklern, Anwälten, Capital Investors, Mediengruppen, Hausverwaltungen, Zahnarztpraxen und Büros allerlei Couleur. Am Ku'Damm-Eck oberhalb vom Kranzler zum Beispiel konnte man schon für 365

Euro im Monat einen Schreibtisch mieten. Auch zwei Quadratmeter haben hier ihren Preis.

»Wird hier dann noch irgendwo gewohnt?«, frage ich einen Pförtner, der in seinem Glaskasten die Berliner Zeitung liest. Er grinst. »Darf ich nicht sagen, junge Frau, aber vielleicht da drüben schon!« Seine Finger weisen Richtung Leibnitzstraße und tatsächlich, erst hinter dem Adenauerplatz erscheinen wieder Vorhänge und Pflanzen auf den Balkonen. Wir haben die Rennstrecke überwunden und siehe da, die Prachtstraße hat ihr Flair abgelegt. Statt protziger Bauten von 1900 stehen nunmehr unscheinbare Kästen herum. Bis zum Henriettenplatz erstrecken sich die Neubauten und die Straße erhält diese gewisse Krustigkeit, die im Übergang und Verschwinden seine Ursache hat. Links vor der S-Bahn lugt noch ein sperriger Neubau hinter Bauzäunen hervor, der S-Bahn-Eingang daneben unscheinbar und starrend vor Schmutz. Die S-Bahn-Brücke selber eine geteerte Wüste, laut und unattraktiv. Nach Überqueren der Brücke macht der gigantische Kasten eines »Bauhaus« sein Statement, nicht schön, dafür aber mit Parkplatz und Drive-In äußerst effektiv.

Nun sind noch 500 Meter bis zur Stelle zu gehen, wo der Damm in die Königsallee übergeht. Und genau an dieser Stelle, dort wo der lärmige Verkehr Richtung Avus einbiegt und geradeaus die Villenviertel des Grunewalds winken, da steht auch das einzige Monument des Kurfürstendamms. Wir begutachten zwei kollidierende Chevrolets in Beton gegossen und bewerten sie als irgendwie Avantgarde und irgendwie passend zum Straßen-Arrangement. Was mit einer Kollision anfing, kann nur mit einer Kollision beendet werden. Im Aufprall verewigte Autos, was passt da mehr zu diesem Wald- und Wiesendamm? Warum der öde Kreisverkehr dennoch Rathenauplatz genannt werden musste, nach dem genialen Außenminister, der vor hundert Jahre nicht weit von hier ermordet wurde, das ist noch eins dieser Ku'-Damm-Mysterien, das wohl nie gelüftet werden wird.

Abbildung 29.1-3: Der Kurfürstendamm

Literaturhinweis

Goll, Yvan. *Sodom Berlin* (1929). Frankfurt: Fischer Verlag, 1988.

Mittwoch, der 24. Juni

Berlin von oben

Heute, am neunundneunzigsten Tag des durch das Corona-Virus herbeigeführte Lockdowns, geht es durch die Steinwüste des Alexanderplatzes, vorbei an Menschenschlangen, die in der Sonne stehen, vorbei an den Bögen der S-Bahn und den Türmen von Saturn, vorbei an Bekleidungsgeschäften, Bankfilialen und Imbissbuden, vorbei auch an Baustellen und fortgeworfenen Pappkartons. Der Alexanderplatz ist kein einfacher Ort zum Navigieren, doch unaufhaltsam gehen die Füße Richtung Fernsehturm. In seinem Schatten warten Besucher schon auf Einlass. Zwei Schlangen haben sich dabei gebildet. In der ersten hält man im Internet gekauften Zugangskarten in der Hand. Die zweite besitzt eine solche Ressource nicht. Solange die Türen sich nicht öffnen, gibt es zwischen beiden Menschengruppen einen hektischen Wechsel. Bin ich hier falsch? Ist es dort besser?, so scheinen alle sich zu fragen und wechseln noch schnell den Platz. Das ändert sich schlagartig, als ein junger Mann in der Türöffnung erscheint. Feierlich fängt er an, die Karten zu studieren und deren Inhaber zu belehren. Es gilt, die Etikette zu beachten, die Hände zu waschen, die Maske vor das Gesicht zu tun, die Treppe zu besteigen und vor den Aufzügen Schlangen zu bilden. Die Leute reagieren lammfromm. In einem langen Flurstück oben an der Treppe nimmt uns ein zweiter Zeremonienmeister im Empfang. In Amt und Würden ist er hier schon einunddreißig Jahre, erzählt, was er immer den Besuchern erzählt, von den 360 Metern und den vierzig Sekunden, von den zehn Etagen im Wasserkopf, vom Restaurant und von der großartigen Aussicht. Fünf Besucher dürfen heute zusammen im Aufzug fahren. Der Meister misst gerecht die Schlangen ab, teilt ein, drückt den Knopf und scheucht uns Grüppchen nach Grüppchen in die Höhe.

Was ich hier suche? Im Wirrwarr der vielen Eindrücke suche ich nach der Übersicht. Kann man vielleicht von oben sehen, wo während der des Stillstands die Post abging? Lassen sich mit dem Finger die Routen meiner Erkundungsgänge nachzeichnen? Sind im Osten und Westen, im Süden und im Norden der Stadt die S-Bahn-Kreuze auszumachen? Und was ist mit den Kiezen ringherum? Kann man von oben auch Baustellen sehen? Wie ist es mit dem langweiligsten Ort Berlins? Welchen Eindruck machen Berliner Friedhöfe in einer Höhe von 360 Meter? Was ist mit der Mauer? Ahnt man noch, wo sie verlief? Wie sieht es aus am Flughafen Tegel? Vielleicht sieht man dort oben Flugzeugen beim Landen zu? Kann ich bis zum Stadtrand gucken? Was ist mit den Straßen, die ich nicht gelaufen bin?

Oben im Turm sind vier Windrichtungen hinter getönten Fenstern zu betrachten. Unter unseren Füßen erstreckt sich weit und gleichgültig Berlin. Erläuterungen buhlen um die Aufmerksamkeit der Betrachter, Fotos geben die Blickrichtungen vor. Es glitzert das Wasser der Spree. Es glitzern die Fenster der Autos, lange Karawanen vom Ostkreuz her. Es glänzen die Türme und Kuppeln am Fuße des Turms. Bilder von nah und fern und von noch ferneren Himmeln. Berlin ist ein Spielzeugkasten voller roter und weißer und grüner Scheiben, die man nicht verschieben kann. Dazwischen streben Straßen unaufhaltsam zum Horizont. In jeder Windrichtung ist dahinter Brandenburg zu sehen, einfach immer der Straße nach, dann kommt man von selber hin.

Da erstreckt sich Berlin, die Stadt der Aufklärer, Moses Mendelsohn am Neuen Tor, Rahel Varnhagen in der Friedrichstadt, das »Buch an meine Freunde« und die Freunde selber, für immer zusammen hinterm Halleschen Tor. Berlin, die Stadt der Einwanderer und der kleinen Leute, den schlesischen Arbeitern am Ostkreuz, den Türken in Neukölln, dem ukrainischen Akkordeonspieler auf der

Wilmersdorfer Straße, den Obdachlosen am Bahnhof Zoo. Berlin, die Stadt der vielen Unterwelten, der Geisterorte am Nordbahnhof, der grünen Aquarien unterm Alexanderplatz, der kalten Schluchten vom Hauptbahnhof. Berlin, die Stadt der Preußen und des Militarismus, die Stadt des Größenwahns und des Kurfürstendamms. Berlin, die Stadt von Hitler und den Bomben, der Nachbarn, die ermordet worden sind, die Stadt der Millionen Zwangsarbeiter in geteerten Schuppen, die Stadt der Trümmer, der Wehleidigkeit und des Haben-wir-nicht-gewusst. Berlin, die Stadt der beiden Hälften, Besserwisser alle zwei, nichts könnte deutscher sein. Berlin, die Stadt der vielen Kaninchen, die Stadt der Mauerspechte und weg damit! Berlin von »du bist so wunderba-har« und Heimweh nach dem Kurfürstendamm. Berlin, die Stadt der Alten, die an der Ampel Unverständliches raunen und die der trotzigen jungen Leute, in Corona-Party-Stimmung versetzt. Von oben ist das alles nicht zu sehen. Es erstreckt sich gleichgültig die Riesin Berlin.

Von oben sind die Stadtteile Kreuzberg und Neukölln gerade noch auszumachen, nicht aber der Karl-Marx-Platz, nicht die Sonnenallee und nicht das Cottbusser Tor. Der Kasten des Ostkreuzes ist im Dunst zu unterscheiden, nicht aber die Stralauer Vorstadt, nicht Treptow und nicht die Brücken über der Spree. Dort irgendwo müssten die neuen Hotspots des Corona-Virus sich befinden. Es sollten schon wieder sieben sein. Da wäre es doch hilfreich, wenn unsere Stadtmütter und -väter weiße Ballons darüber fliegen lassen würden. So könnte man von hier oben zumindest sehen, wo genau was ist.

Berlin von oben, das sind die großen Straßen und Alleen, das ist der Tiergarten, der Humboldthain und das Tempelhofer Feld. Die Stadtbahn liegt einem direkt zu Füßen. Doch die Ringbahn sieht nur, wer sie erahnen kann. In Richtung Westen sind die Uhlandstraße und der Kurfürstendamm von hier aus nicht erkennbar. Sie werden auf der Tafel auch nicht erwähnt. Die roten Dächer von Lichtenberg schimmern. Dahinter soll also das Stasi-Museum zu sehen sein? In Richtung Osten wird man auf die Schönhauser Allee, den Mauerpark und den Nordbahnhof verwiesen. Auch Geisterbahnhöfe werden erwähnt, aber zu sehen ist davon nichts. Über die Bresche, welche die Mauer durch die Stadt geschlagen hat, schweigen die Anweisungen stille. Vergeblich die Suche nach dem Weddinger Hasensprung. Wäre doch schön gewesen, ihn von oben noch einmal ausmachen zu können. Eine Reihe strategisch angebrachter Spiegel würde es schon tun.

So geht es rund und rund, vom Westen in den Osten, vom Osten in den Westen und wieder zurück. Man erblickt die Straßen, die auf ihre Erkundung noch warten, die Straße des 17. Juni, die Straße Unter den Linden, die Landsberger- und Karl-Marx-Allee. Unbesungen die Türme der Gropiusstadt und Oberschönhausen. Aus der Ferne grüßen sie freundlich hinüber. Bis zum nächsten Mal. Wir kommen zurück (vgl. Abb. 30).

Abbildung 30.1-2: Der Fernsehturm von Unten und von Oben

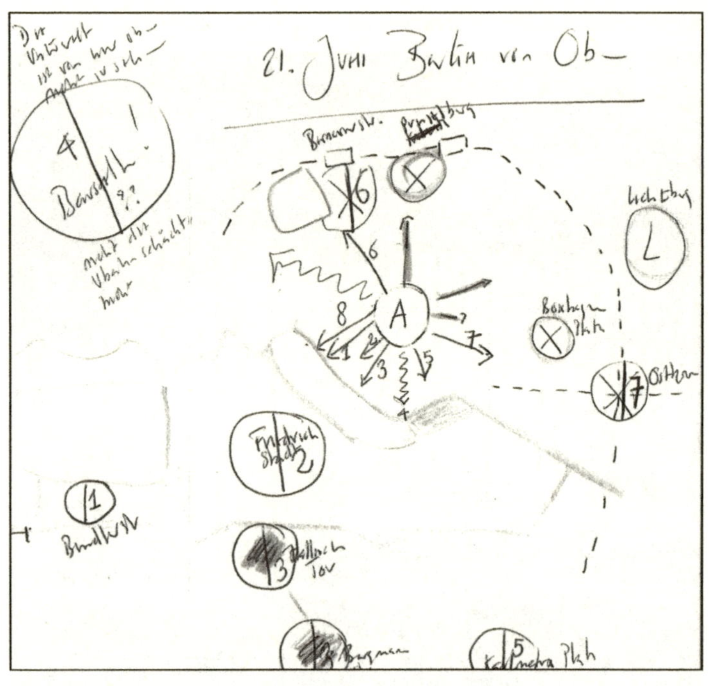
21. Juni Berlin von Ob–

Anhang

Zeitleiste Berlin

16. März	Tag der Schließung: Kitas, Schulen, öffentliche Häuser, Bars, Clubs, Fitness, Sportstätten und zahlreiche Läden machen zu; tausende Altenpflegerinnen und Krankenhausangestellte reisen aus
18. März	Die Kanzlerin fordert »eine Vollbremsung«; die Außengrenzen werden geschlossen; Begräbnisse und Trauerfeier nur noch für engste Angehörige gestattet; Trauerkapellen bleiben geschlossen
21. März	Der erste Corona-Tote in Berlin
22. März	Kontaktverbot: Erlaubt ist nur noch eine Person; Friseure schließen
25. März	101 Arztpraxen schließen wegen fehlender Schutzkleidung
28. März	Soforthilfen für Selbständige: Der Server bricht zusammen
31. März	Beginn Umbau Messegelände in Notfall-Krankenhaus
3. April	65 Prozent weniger Besucher in Berliner Parks
4. April	95 Prozent weniger Fluggäste
5. April	Protest: Kirchengemeinde klagt gegen Gottesdienstverbot
7. April	Soforthilfen für kleinen Firmen und Selbständige; Ostprignitz-Ruppin scheitert mit einem Einreiseverbot für Berliner Zweithausbesitzer
8. April	Mehr als 100.000 Infektionen in Deutschland, davon 8.500 in Berlin
10. April	DHL meldet: So viele Pakete wie in der Vorweihnachtszeit
11. April	Protest: Demonstration am Rosa-Luxemburg-Platz
12. April	Ostergottesdienste ohne Besucher

14. April	Erste Großlieferung von Masken aus China
24. April	Wiederöffnung der Läden
28. April	Maskenpflicht in Läden und im öffentlichen Verkehr
30. April	Das Notfallkrankenhaus auf dem Messegelände wird geöffnet
1. Mai	Protest: Krawalle und Schaulustige in Kreuzberg
4. Mai	BVG kehrt zum Normalfahrplan zurück; Wiederöffnung des Schulbetriebs unter vielen Auflagen; Kitas bleiben zu
5. Mai	Soforthilfen für Kulturhäuser
8. Mai	Wiederöffnung der Spielplätze
9. Mai	Protest: Demonstration am Alexanderplatz
12. Mai	Wiederöffnung der Museen
15. Mai	Wiederöffnung der Restaurants
18. Mai	Neuinfektionen in Grundschulen
28. Mai	Wiederöffnung der Fitnessstudios
31. Mai	Protest: Techno-Party auf der Spree
8. Juni	Wiederöffnung der Sporthallen
10. Juni	Sperrstunde für Restaurants und Kneipen aufgehoben
11. Juni	Innerhalb der EU wieder Reisefreiheit
15. Juni	Neuinfektionen in Neukölln; Häuserblocks werden abgeriegelt
23. Juni	Kontaktverbot aufgehoben; Bußgeld für Maskenverweigerer
25. Juni	Anfang der Sommerferien in Berlin

Abbildungen

Bildrechte

Topographischer Index

Ethnologie und Kulturanthropologie

Victoria Hegner
Hexen der Großstadt
Urbanität und neureligiöse Praxis in Berlin

2019, 330 S., kart., 20 Farbabbildungen
34,99 € (DE), 978-3-8376-4369-5
E-Book: 34,99 € (DE), ISBN 978-3-8394-4369-9

Stefan Wellgraf
Schule der Gefühle
Zur emotionalen Erfahrung von Minderwertigkeit in neoliberalen Zeiten

2018, 446 S., kart., 16 SW-Abbildungen
34,99 € (DE), 978-3-8376-4039-7
E-Book: 34,99 € (DE), ISBN 978-3-8394-4039-1
EPUB: 34,99 € (DE), ISBN 978-3-7328-4039-7

Sandro Ratt
Deformationen der Ordnung
Bausteine einer kulturwissenschaftlichen Katastrophologie

2018, 354 S., kart., 20 SW-Abbildungen
34,99 € (DE), 978-3-8376-4313-8
E-Book: 34,99 € (DE), ISBN 978-3-8394-4313-2

Leseproben, weitere Informationen und Bestellmöglichkeiten finden Sie unter www.transcript-verlag.de